合伙制

重新定义企业的组织形式

PARTNERSHIP

解银坤◎著

SPM
南方出版传媒
广东经济出版社
—广州—

图书在版编目（CIP）数据

合伙制：重新定义企业的组织形式／解银坤著．—广州：广东经济出版社，2017.6（2022.1重印）
ISBN 978－7－5454－5402－4

Ⅰ．①合… Ⅱ．①解… Ⅲ．①企业管理－组织管理－管理模式－研究 Ⅳ．①F272.9

中国版本图书馆CIP数据核字（2017）第093065号

责任编辑：蒋先润
责任技编：陆俊帆

合伙制：重新定义企业的组织形式
HEHUOZHI：CHONGXIN DINGYI QIYE DE ZUZHI XINGSHI

出版人	李 鹏
出 版 发 行	广东经济出版社（广州市环市东路水荫路11号11～12楼）
经 销	全国新华书店
印 刷	广东信源彩色印务有限公司 （广州市番禺区大龙街竹山工业路57号A、C、F）
开 本	730毫米×1020毫米 1/16
印 张	15.75
字 数	209千字
版 次	2017年6月第1版
印 次	2022年1月第9次
书 号	ISBN 978－7－5454－5402－4
定 价	45.00元

营销中心地址：广州市环市东路水荫路11号11楼
电话：（020）87393830 邮政编码：510075
如发现印装质量问题，影响阅读，请与本社联系
广东经济出版社常年法律顾问：胡志海律师

前　言

在移动互联网时代，当网购逐渐改变人们消费习惯的同时，一场全新的体制变革，也在影响和冲击着线上与线下的企业，那就是——合伙制！

无论从生存还是发展的角度出发，合伙制都像是一阵随风潜入夜的春雨，悄然滋润着中国大地。从最初马云的“类合伙制”，到其后的合伙人制度；从房地产明星企业万科的率性而为，到线下零售连锁企业永辉超市的悄然改变；从国有企业绿地的华丽转身，到海螺集团实施的职工和经营层股权激励的变革……

这些成功的案例，无一不在告诉着人们：合伙制正在逐步取代传统的雇佣制！对此，马云曾放言：“下一轮竞争，不是人才，而是合伙制度的竞争。”这位人们眼中的“疯子”“狂人”的话，引发了企业家们的深思，万科更是在参观阿里巴巴后骤然变革。

事实上，合伙制存在已久，在改革开放初期，那些先知先觉的人们，就曾以一种共同出资、共同经营的形式尝试合伙制，尽管在当时，合伙制缺乏相关法律的规范，但无法阻挡这种灵活的企业组织形式的发展。

当互联网的春风吹遍神州大地，知识创业成了一种主流，而《中华人民共和国合伙企业法》的出台，从法律上给了合伙企业一个合法的身份，国家政策上更是对合伙制企业予以倾斜，这些都使得合伙企业几乎一夜之间，成了众多创业者的首选。

其实不仅是中国，美国很早就存在合伙制，著名的投行高盛、红杉资本、摩根士丹利等便是以合伙制企业出现并逐渐成为世界顶尖投行的。这些企业以轻资产、重合作的方式募集到数以万亿计的资金，演绎出了一个个举世皆惊的“华尔街传奇”……

可见，合伙制已成为助推创业型企业腾飞不可缺少的一种体制。

为了让更多的草根创业者、遭遇发展瓶颈的企业家更深层地认识合伙制、了解合伙制，更好地选择适合自己的合伙方式，从而实现成功创业与企业再次腾飞，本书应运而生。本书从合伙制的概念、性质、形式、内容等基本知识入手，全面介绍了合伙制的一些基本的知识：成立合伙企业时的协议以及需要注意的关键问题；成立合伙企业的具体步骤；如何投资合伙企业；合伙企业成立后必须遵守的法则；合伙制的利弊；等等。

本书出版的宗旨，就是让更多人了解合伙制，以实现成功创业。作为草根阶层的打工者，并非只有拥有资金才能创业，一个好的想法、一款因爱好而诞生的新软件等，皆可以成为创业的资本。此外，本书在每一小节列举了相关的案例，以便让读者能够真正理解合伙制，并合理运用，最终创业成功！

目 录

合伙制概述

——明白什么是合伙制，才能合好伙

合伙制不只是简单地一起出资、出力就够了，也不是你有钱、我有项目就可以合作，不同合伙的主体，有着不同的合作形式；同时不同的合伙性质，也决定着合伙后所承担的责任与义务，以及享受的权利不同。因此，只有了解了这些内容，才能真正办好合伙企业。

1.1 合伙制概念

1.1.1 合伙制

合伙制，是指由两个或两个以上的成员组成，按照彼此事先制订的协议进行投资，并共同经营、共负盈亏的非公司形式的企业。合伙制企业只承担有限的责任，并且，它的财产由全体合伙人所共有。同时，合伙人对企业的债务需承担无限连带清偿责任。

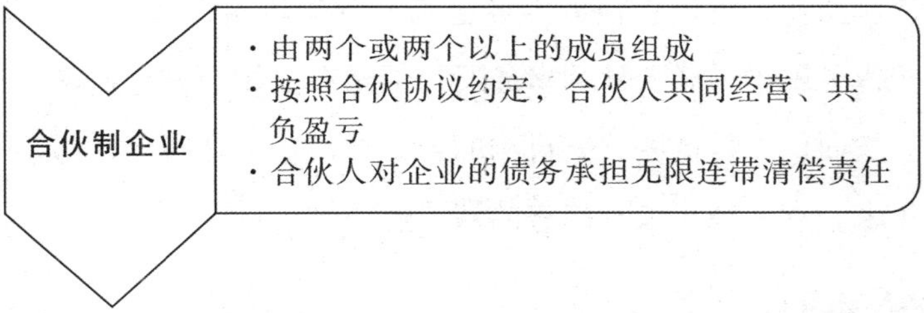

知识链接

公司的主要形式有哪些

公司，是指以营利为目的，从事商业经营活动或因某些目的而成立的组织，又被称为企业。公司的主要表现形式为有限责任公司和股份有限公司，同时还有两合公司、股份两合公司、无限责任公司，区别于那些以非营利为目的的社会团体、事业机构等，如中国红十字会、中国作家协会。

经典案例

毕马威会计师事务所是当今世界最大的专业服务机构之一，目前，该会计师事务所雇佣的员工约为137000人，在全球超过140个国家或地区都设有分支机构，如在中国的北京、上海、广州、深圳、成都、南京、沈阳、杭州、青岛、福州、香港和澳门就设有12家分支机构。

毕马威会计师事务所主要为客户提供三类服务：审计、税务和咨询。从规模上来看，毕马威会计师事务所是四大国际会计师事务所之一，其他三大会计师事务所分别是普华永道、德勤和安永。

然而，谁也不会想到，就是这样一家分支机构遍布全球的专业服务机构，其主体结构竟然是一家合伙企业，由四位合伙人共同出资组建而成。

可见，由这四个人合伙成立的毕马威会计师事务所，是一家名副其实的合伙制企业，虽然它在世界各地都有分支机构，且从从属关系上，这些机构皆隶属毕马威会计师事务所，但是在法律上，它们是分立的不同个体。然而，正是这些分支机构的合力经营，毕马威会计师事务所才有了多年来一直呈稳步上升趋势的骄人业绩。

专业点评

创办合伙制企业时，一定要注意，所有的合伙人都要对共同成立的合伙企业的债务承担无限连带清偿责任。因此，在成立合伙制企业时，必须认识到企业成立后可能会面临的风险，应在成立前提早做好心理准备。

1.1.2 合伙制特点

合伙制企业因是两人或两人以上合伙成立的，所以和其他的企业相比，有着较为明显的不同，形成了自身不同的优点和缺点。

优点：

（1）组建较为简单和容易。只要两个或两个以上的合伙人同意，即可成立企业，相对成立其他企业而言，合伙制企业的组建更为简单和容易。

（2）能扩大资金来源和提升实力。因为有几个人合伙，所以增加了资金的来源，同时在对外经营中能提升自身的实力。

（3）提高了经营水平与决策力。由于是多人合伙经营，因此能有效避免个人的主观意识，从而提高经营水平和决策能力。

缺点：

（1）合伙人承担无限连带清偿责任。合伙制企业成立后，合伙人在法律上要承担无限连带清偿责任。

（2）稳定性差。虽然企业人多力量大，但同时也会使企业的稳定性减弱，因为，如果合伙一方出现问题打退堂鼓，则势必会影响合伙企业的正常运营。

（3）易造成决策上的延误。合伙人虽可以共同献策，但往往也容易出现意见相左的现象，这时企业便很难做出最终的决策，甚至会出现决策延误。因此，要想克服这一点，就必须在合伙时做出责任分工。

（4）不具备法人资格。由于合伙制企业不具备法人资格，因此，人们常将合伙制企业称为自然人企业。

知识链接

合伙制企业中的无限连带清偿责任是什么

合伙制中的无限连带清偿责任，是指合伙企业中的每一个合伙人，对于合伙企业在经营中产生的债务，都具有全部清偿的义务。合伙企业的债权人，有权向合伙人中的任何一人或数人要求清偿债务的一部分或全部。这表明，在合伙企业中，在其他合伙人均不见的情况下，如果债权人向其索要全部债务，那么，其有责任如数偿还。

经典案例

51Talk 是一个在线英语培训互联网平台，以外教的形式进行一对一辅导，其创办形式便是合伙制形式。

2007 年，从清华大学毕业后的黄佳佳，进入了日本三菱商社，舒婷则远赴东京大学攻读语言学硕士。而此时，黄佳佳正负责针对日本人汉语培训的网上学校 TalkChina 的招聘和管理中国教师的重任，研究第二语言的舒婷则全身心都投入教学体系的搭建。

直到 2010 年，黄佳佳认识了彩票电商澳客网的技术核心人员贾彩建之后，两人合作开发了一个面向日本的团购导航网站，共同对 TalkChina 进行了改版。由此，51Talk 的初创团队基本搭建完成——负责教学产品研发的舒婷、负责市场和运营的黄佳佳、负责技术开发的贾彩建。

TalkChina 的创业经历，成为 51Talk 创业团队快速发展的基石。2011 年 7 月，他们合伙创业的公司 51Talk 注册成功，同年 11 月，51Talk 的网站正式上线。

然而，仅仅有一个好的创业团队，是难以让企业快速地发展的。要想实现快速发展，必须得到资金的投入。也就是说，51Talk 还需要以“技术”寻找新的资金合伙人。2011 年 12 月，天使投资人徐小平的介入，令 51Talk 成为真格基金二期的投资项目之一，使得这个刚成立不久的合伙制企业获得了资金。

时隔两年后的 2013 年，51Talk 在再次寻找资金合伙人时，获得雷军旗下的顺为基金领投 1200 万美元的鼎力支持，51Talk 也因此被业界称为“英语培训行业的小米手机”。

作为一家在线教育网站，51Talk 如何在成立不久，便接连顺利获得了融资呢？

51Talk 主要产品为：外教一对一课程、外教精品小班课、iTalk 视频教学等。但是 51Talk 采用的是在线教学，学员约课、上课都是通过互联网进行的，学员只需打开电脑上网，再戴上耳机，就能实现足不出户跟境外的老师通过 QQ、Skype、自主平台等进行一对一的交流和沟通。

在收费上，51Talk 的标准很低，如外教一对一教学，25 分钟起步价是 15 元，而要想实现随时教学，学员只需提前半小时内预约即可。同时，学员还能选择自己喜欢的境外老师，一键收藏后下次就可以直接预约。显然，这种教学模式需要 51Talk 提供大量的待教境外老师，而 51Talk 的境外老师如今已有近 3000 名，并且这些外教都随时待命。

51Talk 用优惠的价格和在线教育方式颠覆了“贵族”式的英语教育。集多种优势于一身的 51Talk 获得了众多资本的青睐。它不仅在 2014 年 10 月获得了红杉中国资本领投的 5500 万美元，而且继续以自身的商业运营模式吸引了众多资本的合伙加盟。

51Talk 的出现以及快速发展，正是得益于技术与资金的合伙，因为这种合伙制企业成立简单、容易，并能扩大公司的资金来源和提高公司的信用能力，所以公司才得以借助资本的力量，实现了腾飞！

专业点评

1. 许多人创业时选择合伙，往往是因为对某一技术的志同道合，然而过硬的技术只是创业的基础，即使彼此成立了合伙企业，未来仍需要资金等其他方面的合伙，企业才能够持续发展。

2. 合伙制企业虽成立容易、简单，但创业者最初合伙创立企业时，仍需事先预测下合伙带来的风险，因此，一定要提前做好合伙企业成立后的分工管理。

1.2 合伙性质

1.2.1 普通合伙制

普通合伙制，是指所有的合伙人，对于合伙制企业的债务，以及其他任何的经济责任和民事责任，都负有无限连带责任的一种合伙制。

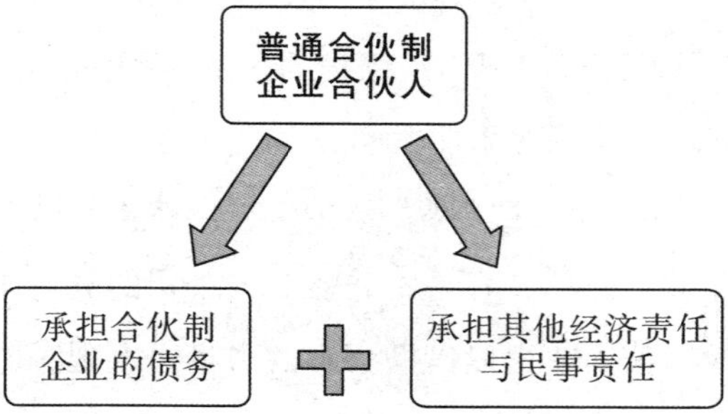

在普通合伙制企业中，合伙人称为普通合伙人。在大多数国家，普通合伙制的合伙形式与结构，经常被用来组成某些专业化的工作组合，这些企业专业性均较强且业务单一，如律师事务所、会计师事务所等，或是用于企业某些小型项目开发的合伙投资，极少在某些大型项目或项目融资中使用；但在北美地区，普通合伙制有时会被用作项目的融资。

知识链接

普通合伙制的缺点是什么

（1）合伙人承担无限连带责任。

在普通合伙制企业中，合伙人要承担无限连带责任，所以，一旦企业项目出现问题，或某些合伙人因无力承担其应负的责任时，其他合伙人就会面临需要承担的责任超出原有合伙中所占投资比例的风险。这一问题严重限制了普通合伙制在项目开发和融资中的使用。

为了克服这一缺陷，在使用普通合伙制作为投资结构时，应当加入一些减少合伙人风险的措施，如：①投资者不直接进入普通合伙制结构，而是专门成立一个项目公司，投资到普通合伙制企业中；②为普通合伙制企业结构的项目安排有限追索的项目融资。

（2）每个合伙人都有约束普通合伙制企业的权利。

按照合伙制的相关法律规定，在普通合伙制企业中，每一个合伙人都被认为是合伙制的代理，所以，每一个合伙人都单独拥有代表企业与他人签订任何法律协议的权利。如此一来，无疑会给企业的管理带来很多隐患。

（3）融资安排相对复杂。

由于在法律上，普通合伙制企业并不拥有项目的资产，所以企业在安排融资时，就需要每一个合伙人都同意，将项目中属于自己的一部分资产权益拿出来作为抵押或担保，共同承担融资中的责任和风险。

另外，普通合伙制企业的贷款，如果银行因执行抵押或担保权利而控制了企业的财务活动，则有可能会导致在法律上贷款银行也被视为一个普通的合伙人，进而被要求承担普通合伙制企业所有的经济和法律责任。

经典案例

万科集团是以开发住宅地产为主营业务的公司，成立于 1984 年，是目前中国领先的专业住宅开发企业。然而，进入发展快车道的万科遭遇了事业合伙人大股东华润的接连减持，加之自身危机频频出现，以及行业发展遇到瓶颈，在借鉴了阿里巴巴管理模式后，就开始建立公司内部的合伙人制度。

在万科高层的眼里，其实施的合伙人制度，并不是集团公司与其他公司的合伙，而是属于一种公司内部的合伙人制度，也就是公司将各个项目与直接负责的管理层及一线员工合伙。万科将其称为“跟进制度”，即对于它其后的所有新项目，除了那些旧改和部分特殊项目外，公司原则上要求必须做到：项目所归属的万科旗下的一线公司，包括一线公司的管理层与该项目的管理人员，必须跟随公司一起投资。而公司的董事、监事和高级管理人员以外的其他员工，则采取自愿参与的投资方式，员工初始跟投份额不超过项目资金峰值的 5%。

万科建立这一合伙人制度，一是为了抵御事业合伙人减持所带来的资金风险。当新项目出现后，企业可以顺利融到资金；二是能激发员工参与自己所从事项目的热情。因自身跟投资项目有关系，所以，员工此时已成为万科的普通合伙人，为了推进项目，扩大自身的收益，他们自然会全身心地投入工作中。

在这种公司与员工的合伙制度之下，万科还对跟投项目安排了额外的受让跟投，但投资的总额不超过该项目资金峰值的 5%，并遵循市场化运作原则。也就是说，项目所在的一线跟投人员，可以在支付市场基准贷款利率后，选择受让此份额。如此一来，员工与公司的项目合伙就更为灵活。

对此，万科总裁郁亮表示，通过这种跟投，员工与公司在某一项目中成了合伙人，这不仅有助于彼此形成一种背靠背的信任，进一步激发公司员工的创业热情和创造性，同时也能为股东创造更大的价值。

正因为如此，万科在大举推进跟投合伙人制度的同时，也加大了分红比例，据万科公司的分红方案显示：2013 年，万科分红派息以股权登记日的股份为基数，每 10 股派送 4.1 元（含税）现金股息。当年万科用于分红的现金超过了 45 亿元。与 2012 年相比，2013 年万科的分红比例由 2012 年的 15.79% 提高到了 29.87%，增幅接近翻倍。

此外，万科还表示，这种大规模的派息并不是公司的一次性特例，而是一种长期的分红政策。后续公司会在 29.87% 的分红比例基础上，继续实现稳步提高派发现金红利占合并报表净利润的比例。

显然，万科的“跟进制度”就是一种普通合伙制，但由于有了“跟进制度”的监督，所以合伙的风险性大大降低了。为了保证合伙人的利益，万科在建立合伙人制度的同时，也一直强调风险共担机制，毕竟这种合伙人制度是需要投资的，而作为投资，难免会有一定的风险。

专业点评

1. 不是只有志同道合的人在一起合伙才是创业，公司员工也可以就某些项目与公司进行普通合伙。

2. 在参与普通合伙制时，合伙人一定要事先明白，在普通合伙制中，不只会提高投资收益，同时也存在着一定的风险，比如项目投资环节中发生超出预算的意外等。因此，在进行普通合伙前，一定要有风险意识。

1.2.2 有限合伙制

有限合伙制，是指在合伙后，必须有一个以上的合伙人在承担无限责任的基础上，其他投资合伙人只承担有限责任的经营组织形式。并且，有限合伙制企业成立时，合伙人必须在 2 个以上 50 个以下。

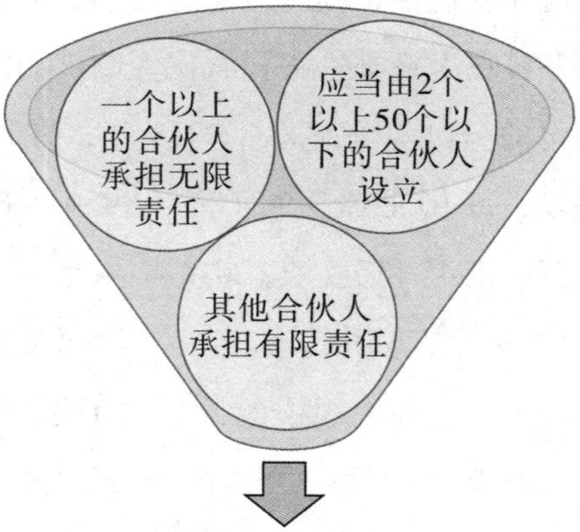

有限合伙制企业

根据有限合伙制的特征，这种合伙制企业更适合于风险投资，因为投资者在进行投资活动，尤其是风险投资时，通常需要两样东西：一是资金；二是管理人才。然而在现实社会中，能够管好投资项目的人往往没太多资金，而有资金的人又不一定会投资。于是出现了这种有限合伙的管理架构，它使资金与项目管理能够有效地结合起来。

在有限合伙制企业中，通常由具有良好投资意识的专业管理机构或个人作为普通合伙人，去承担无限连带责任，负责企业的经营管理；拥有资金的合伙人则作为有限合伙人加入，在承担有限责任的同时，享受合伙收益。这种能满足双方需求的合作模式深受企业家喜爱，以至该合伙制出现后，即刻成了风靡世界各国的一种企业体制，并被广泛应用于风险投资行业。仅在美国，就迅速占据了90%以上的市场份额。美国著名的投资银行高盛，在最初的多年里，便一直是以有限合伙制的企业形式出现的。

知识链接

有限合伙制企业的特点

（1）有限合伙制企业不具备法人资格，在对外关系上，企业整体上仍承担无限连带责任，仅在企业内部，有限合伙人承担有限责任。

（2）有限合伙制企业的内部有两类法律责任：有限合伙人仅投入资金，并仅以其出资为限承担合伙企业的债务，对合伙企业的债务仅只负有限责任，普通合伙人除投入资金外，还要负责合伙企业的经营管理，对合伙企业的债务承担无限连带责任。

（3）有限合伙人必须以金钱或其他财产出资，不得以信用或劳务出资；普通合伙人出资的形式较为灵活，且出资比例也较小，甚至可以只象征性地投入注册资本的1%，剩下的99%由有限合伙人投入。

（4）有限合伙人的死亡、破产不影响合伙制企业的存在，不产生终止合伙的效果；普通合伙人的死亡和退出，除非在合伙协议中有特殊规定，合伙才能就此终止。但在有限合伙制企业中，如果仅剩下普通合伙人，企业应当转为普通合伙企业。

经典案例

北京天绿创业投资中心是2001年8月在中关村成立的全国第一家有限合伙制企业。从其合伙结构看：普通合伙人为北京新华信企业管理咨询有限公司，有限合伙人为新疆天业股份有限公司与新疆石河子开发区经济发展总公司，所以是一家有限合伙制企业。

依照有限合伙管理办法，北京新华信企业管理咨询有限公司作为资金管理者，出资50万元，占注册资金的1%，并承担无限连带责任；新疆天业股份有限公司出资4000万元，新疆石河子开发区经济发展总公司出资950万元，合计出资占注册资金的99%。这两家公司为有限合伙人，以出资金额承担有限责任，但是这两家有限合伙人不具有独立的法人资格。多方合伙人按照1∶99的出资比例完成了5000万元的注册资金出资后，即在北京市工商局登记注册了全国第一家有限合伙制企业——北京天绿创业投资中心。

北京天绿创业投资中心成立时约定，有限合伙制企业成立后，在实现收益时，将按照约定的比例分成，因而其中的普通合伙人北京新华信企业管理咨询有限公司的收益占比会远远高出1%。

从北京天绿创业投资中心成立的情况可以看出，在有限合伙制企业中，有限合伙人出资的比例不同，承担的责任不同，获得的收益更是有着很大的差异。

专业点评

1. 尽管国内在政策上对有限合伙制的明确规定出台较晚，但现实生活中该合伙制的企业却有很多，尤其是那些私募机构，大多都是以有限合伙的方式出现在证券市场的投资中。因此，意欲在金融投资领域掘金的创业者，可以选择有限合伙的方式进行创业。

2. 在成立有限合伙制企业时，一定要明确普通合伙人，以便能顺利找到有限合伙人；而打算成为有限合伙人的投资者，也应当在认清准备入伙企业的普通合伙人后，再去合伙。

1.2.3 特殊普通合伙制

特殊普通合伙制企业，是以专门知识和技能为客户提供有偿服务的专业服务机构，如律师事务所、医师事务所、会计师事务所、审计师事务所等。为了区分于普通合伙制企业，特殊普通合伙制企业在申请成立后，必须在企业名称中标明“特殊普通合伙”的字样。

普通合伙制企业中，合伙人对企业的债务要承担无限连带责任，但在特殊普通合伙制企业中，合伙人不一定要承担无限连带责任，而是要看这一合伙人在经营活动中出现失误时，其是否应当对债务的形成承担责任。如果是应当承担责任，比如违约或重大过失，才需该合伙人承担无限连带责任；如果是不应当承担责任，则会仅以其在该合伙企业中的

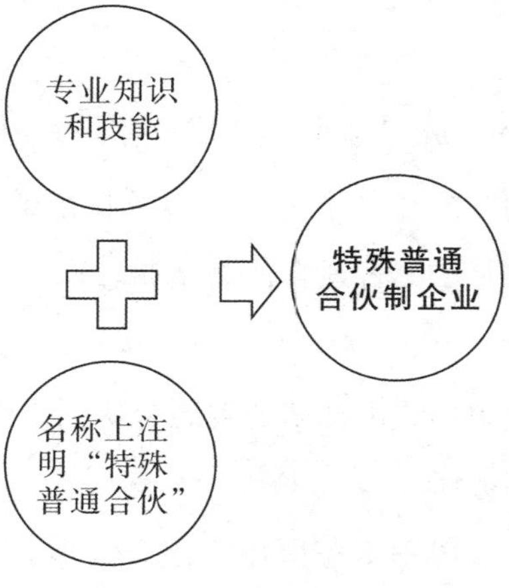

财产份额去承担有限责任。这是特殊普通合伙制企业与普通合伙制企业的最大区别，也即是说特殊普通合伙制的机制更灵活，因此，专业性强的普通合伙制企业，在发展的过程中往往会变更为特殊普通合伙制企业。

知识链接

特殊普通合伙制企业的特点

（1）专业特色明显。

特殊普通合伙制企业，是以专业知识和专门技能为客户提供有偿服务的专业服务机构，因此，其专业特色较为明显。

（2）企业名称上有“特殊普通合伙”。

在特殊普通合伙制企业名称中，必须标明“特殊普通合伙”字样。

（3）无限连带责任以人为本。

在经营活动中，一个合伙人或多个合伙人，因故意导致重大过失造成合伙企业债务的，应当承担无限连带责任，其他合伙人则按照各自在合伙企业中的财产份额承担有限责任；如果合伙人在经营活动中，因非故意或者重大过失所造成的合伙企业债务，由全体合伙人承担无限连带责任。

经典案例

1992年，北京市大成律师事务所成立了。最初，这只是一家由几位律师界同仁合伙创办的律师事务所，其所从事的是法律服务。当时，大成律师事务所仅仅是一家普通合伙制企业。

随着公司业务的增加，2009年11月10日，经北京市司法局批准，大成律师事务所的组织形式由原来的普通合伙制律师事务所变更为了特殊普通合伙制律师事务所。

自成立以来，大成律师事务所始终以人为本，秉承着“志存高远，海纳百川，跬步千里，共铸大成”的文化核心理念，为国内外客户提供专业、全面、及时、优质、高效的法律服务。公司不断发展壮大，管理体制从普通合伙制改为了特殊普通合伙制，公司在原有的合伙人基础上，不断增加新的合伙人，并先后在上海、武汉、成都、济南、重庆、天津等34个城市成立了分支机构或办事处。

自2010年10月起，大成律师事务所开始了向境外的扩张，率先在美国华尔街开办了第一家境外分支机构后，又相继在巴黎、洛杉矶、新加坡等地设立了一共26家境外分支机构、代表处或成员单位，并与境外多家律师事务所建立了长期稳定的战略合作伙伴关系。

大成律师事务所从最初单一的律师诉讼，发展到如今几乎涵盖了所有领域的法律服务，靠的是它的专业知识与技能。大成律师事务所的合伙人梁兰芝，大学毕业后一直在兰州从事律师工作，始终保持着对法律的探索和学习的激情，这份坚持让她最终走进了大成律师事务所，成了其合伙人。

在专业领域里，大成律师事务所以其专业的水准，广泛吸纳国内外优秀的律师为自己的合伙人，使得其在法律所涉及的各个领域都具备顶级的服务水平，而像梁兰芝这样优秀的律师也通过自身的不断努力，在特殊普通合伙制之下，实现了个人的创业与事业腾飞。

专业点评

特殊普通合伙制是在普通合伙制的基础上，对法律责任更为人性化的一种改良，因此，创业者在加盟或创建这种合伙制企业时，首先要明确这种合伙制的企业性质，再去合伙或加盟，以便能够在今后的合伙经营中，明确自己需要承担的责任。

1.3 合伙形式

1.3.1 个人合伙

个人合伙，是指由两个以上的公民按照双方的协议约定，各自提供资金、实物、技术、劳务等，合伙经营、共同劳动。

个人合伙内容			
资金	实物	技术	劳务

根据《中华人民共和国民法通则》和相关的司法解释，以及有关行政法规的规定，成立个人合伙企业的法律要求是：

（1）个人合伙可以为合伙企业起名字，依法办理工商登记，在核准登记的经营范围内从事经营活动。

（2）合伙人应对出资数额、盈余分配、债务承担、退伙、入伙、合伙终止等事项，订立书面协议。

（3）合伙人之间如果没有签订书面合伙协议，又未经工商行政管理部门核准登记，但只要是具备了合伙企业的其他条件，又有两个以上没有利害关系的人予以证明，合伙人之间有口头协议的，应当认定为合伙关系。

知识链接

个人合伙的特征是什么

（1）个人合伙的主体只能是公民个人，即自然人，以个体工商户、农村承包经营户的名义和企业法人或者事业单位法人联合经营的，不是合伙，属于联营，合伙内的自然人是基于共同的目的和利益而集合到一起的。

（2）个人合伙表示的是以合伙人的意思表达一致为基础的，因此，只有合伙人的意思表达一致了，才能组成个人合伙企业。至于合伙人之间的出资数额、债务承担、盈余分配、入伙、退伙、终止合伙等问题，经过充分协商后，达成了一致意见并订立了书面合伙合同，个人合伙才能成立。

（3）个人合伙在对外经济活动中，必须以合伙的名义独立从事民事活动，个人合伙还可以为合作企业起名字，以体现其相对独立的民事主体资格。

（4）个人合伙企业应由合伙人共同经营管理。个人合伙是由于合伙人都有共同的经济目的而组成的，这一点就决定了合伙人要共同出资，也要共同参加经营决策与日常经营活动。

（5）个人合伙企业是由合伙人共同出资而成立的，所以共同投资是个人合伙企业成立的前提。投资的种类和出资数量应当由合伙人协商后确定，不一定均等。合伙人投资的种类可以是资金，或实物，或技术，或劳务等。

（6）个人合伙企业的财产归属于所有合伙人共有，合伙人对合伙企业的财产和在合伙经营中积累的财产，须共同享有其所有权，单一的合伙人并不能独立享有所有权。

经典案例

很多人都没有听说过“咱村网”，是因为它的规模不大。“咱村网”是由 3 个农民以个人合伙的方式建立的。

该网站的诞生得益于一个叫刘占平的退伍老兵，2010 年，已经 49 岁的他依然执着地追求，才有了后来的“咱村网”。

2010年5月，刘占平送儿子上学，在回家途经邯郸市鸡泽县司马堡蔬菜市场时，他听见菜农们说自种的甘蓝连1毛钱1斤都卖不出去。与菜农交流后，他拍了一组图片，并以“邯郸东部万亩甘蓝将在地里烂成泥”为题，将帖子发到了新浪网上。没想到，站内很快就传来了好消息，竟有七八个用户表示愿意来鸡泽县采购甘蓝。

2013年春天，邯郸市鸡泽县的甘蓝再次出现无人问津的情况，刘占平将此事发在微博上。没想到，他发的这条微博被当地媒体重点关注与广泛转载。邯郸美食林超市得知这一消息后，直接去鸡泽县菜农地里采购了数万斤甘蓝。

其后，刘占平又在涉农网上发了一条西瓜丰产滞销的信息，引来很多外地瓜商来本地采购，仅经他个人协调就成交了十几单。

这3件事对刘占平的触动很大，2013年8月，他辞去工作回到家乡，请来技术人员开始筹建自己的网站——“咱村网”。

2014年4月，“咱村网”正式上线。网站成立后，刘占平又找来2个合伙人，3人每人出了7万元左右，凑了20多万元，从此开始了个人合伙模式的“咱村网”。随后，3个合伙人便在邯郸市广安小区做起了推广工作，并在5月22日成功配送出第1个网上订单。

在小区居民质疑的目光中，刘占平3人扛着成箱的西红柿，一边让市民免费品尝，一边讲解网购蔬菜的优点。3个月后，他们在广安小区打动了200多个用户，每天都能收到50多个订单，其中40多个用户每隔三五天就会下个订单，实现了“线上预订、线下配送”的初步设想。1年下来，他们赚到了6000元，尽管盈利不多，却是刘占平3个人合伙赚来的第一桶金。

随后，刘占平和伙伴们的创业项目，受到了邯郸市政府的关注，他们成立的合伙公司也入驻了邯郸市丛台区政府扶持的“大众创业，万众创新”项目之一——河北网商园，享受到3年免缴房租等优惠政策。

政府对“互联网+农业”的支持，使得像刘占平这样的农民，通过个人合伙的方式，正在或是已经实现创业的梦想。

专业点评

1. 个人合伙在现实中尤其是农村，存在的时间较长，往往是以共同出资合伙的形式出现，但都未签订正式的合伙协议，只有口头协议，但口头协议在法律上难以认定，并且不会以个人合伙企业对待。

2. 个人合伙过程中，即使是再好的亲戚、朋友，最好还是签订合伙协议，这样才能视为个人合伙，避免出现矛盾或是一方退伙时没有法律依据，引起纠纷。

1.3.2 个人与公司合伙

公司合伙中，有个人与公司合伙和公司与公司合伙。个人与公司合伙，是指自然人与在工商部门注册的公司合伙经营或部分合伙经营的一种形式。尽管这种合伙形式是允许存在的，却属于一种合伙联营的形式，本身并不具有独立的企业法人资格。通常，个人与公司合作，是合伙型联营、合同型联营及法人型联营，比如个人代理某公司的产品，往往是以一种区域性产品代理的形式出现，此时，合伙联营中个人属于公司的员工，其一切行为均视为代表公司的一种行为。

另一种个人与公司合伙的情况，是知识型或专利型的合作，即个人以其拥有的专利、知识产权与公司合作。这种合伙，公司往往会以自然合伙人所拥有的专利、知识产权作价，并折合成相应的公司股份，双方实行合伙。

还有一种个人与公司的合伙，这时，个人常常是以资金与公司产品合伙，是一种投资合伙行为，如投资公司中的某基金产品实现与公司的合伙。

个人与公司合伙的主要形式		
个人只是销售公司产品或加盟，这种合伙属于联营性质，双方以合伙协议为准	个人以专项技能、专利、知识产权出资，与公司合伙。专项技能、专利或知识产权作价后折合成公司股份，此时公司往往像出资的风投公司	个人以资金与公司产品合伙，这是一种投资合伙行为，如投资公司中的某基金产品实现与公司的合伙

知识链接

什么是合伙型联营

合伙型联营，是指参与联营的各方，在经过核准或协商的生产经营范围之内，各方按照合同约定，各自开展生产经营活动，并以各自投入的财产数量来承担连带责任。合伙型联营与法人型联营的本质区别在于，合伙型联营本身是一种联营组织，不具备法人资格，其民事主体仍然是参加联营的各个成员。所以，对于联营组织的债务，由联营各方承担无限责任或连带责任。

根据《中华人民共和国民法通则》第五十二条规定："企业之间或者企业、事业单位之间联营，共同经营、不具备法人条件的，由联营各方按照出资比例或者协议的约定，以各自所有的或者经营管理的财产承担民事责任。依照法律的规定或者协议的约定负连带责任的，承担连带责任。"

经典案例

广州菲凡服装有限公司是一家服装生产加工公司，其主要业务是：设计、生产、加工、销售服装，公司成立于2002年5月17日，并在广州市工商局登记注册，公司注册资本101万元。公司的创办人为何迎春、何赞源二人。其中，何迎春出资 80.8 万元，何赞源出资 20.2 万元。

公司成立还不到 1 年的时间，就在经营上出了问题，资金出现了缺口，于是公司决定寻找新的资金，以维持公司的正常运营。

这时，萧楚仁出现了，经过双方的接触与协商，萧楚仁决定与以何迎春为法人的广州菲凡服装有限公司合伙经营企业，2003 年 1 月 25 日，经协商，萧楚仁与何赞源、何迎春签订了一份联合经营合作协议书，约定三方联合出资后共同经营服装公司。

协议上显示：公司的投资总额为首期现金投入 200 万元，后期投入可根据经营情况由三方协商后再定。三方的投资比例为：自然人萧楚仁投资占公司总投资额的 65%，合计现金 130 万元；何赞源投资占公司总投资额的 15%，合计现金 30 万元；何迎春投资占总投资额的 20%，合计现金 40 万元。

如此一来，广州菲凡服装有限公司为了实现顺利融资，在原有股东何迎春、何赞源的基础上，增加了新的合伙人，并变更了合伙人的出资比例。

在股东发生变更后的 2003 年 1 月 25 日，因萧楚仁为香港人，公司决定将服装公司申请变更为中外合资企业，由萧楚仁出示办理合资企业所需的一切外事有关法律文件，对公司原注册法人和股东进行更改。更改内容为：萧楚仁占总股比的 65%，任法定代表人（或董事长）；何迎春占总股比的 20%，任股东（或董事）；何赞源占总股比的 15%，任股东（或董事）。法人、股东变更办理手续必须在 2003 年 7 月 31 日前完成，有关办理资料须由原法人与股东提交和协助办理变更手续。

三方联合经营协议签订后，萧楚仁从 2003 年 2 月 27 日至 7 月 11 日，先后分 11 次向广州菲凡服装有限公司汇款共 150 万元，对此，广州菲凡服装有限公司也出具了 11 张汇款收到的通知书予以确认。并且，萧楚仁也在合作协议书签订后，另签订了一份经营管理授权书，授权何赞源为广州菲凡服装有限公司总经理，负责公司日常经营及管理的一切事务。

不久，萧楚仁却向法院提出了上诉，打算撤资。经法院确认，得出结论：

广州菲凡服装有限公司早在2002年5月27日就向当地工商部门登记成立，因此，萧楚仁与何迎春、何赞源签订的联合经营合作协议书，实际上只是对广州菲凡服装有限公司增资入股。在萧楚仁入股时，广州菲凡服装有限公司理应依据《中华人民共和国公司法》和相关法律法规规定的程序办理相关变更登记手续，使萧楚仁成为法定股东。然而广州菲凡服装有限公司的变更登记申请并未获准，因此，萧楚仁不能算是公司的合法股东。在本案庭审之前双方补办手续的情况下，法院认定双方这种联合经营合作协议书无效。广州菲凡服装有限公司因这一无效协议而占有萧楚仁150万元投资款，没有合法根据，理应予以返还。

在这一案例中，萧楚仁因是香港籍居民，因此其以自然人身份与内地公司的合伙中，属于外交注入内地企业。所以，只有广州菲凡服装有限公司变更为合法的合资企业后，双方签订的联合经营协议才具有法律效力，双方才能按照联合经营的合伙人身份对待。

专业点评

1. 当个人与公司合伙时，首先要确认个人与公司的主体性质，如果个人属于外籍公民，则公司必须在与个人合伙后及时变更公司注册，否则这种联合协议就是无效的。

2. 个人与公司合伙时，不只是简单的投资入股，尤其是个人以著作权、专利等无形资产与公司合伙，更要出具权威机构的评估报告，最好能请专业的律师介入，以确保这种形式的合伙有效、合法。

1.3.3 公司与公司合伙

公司与公司合伙，是指公司与公司之间就某一经营项目，或是开展新项目时的一种合作，也是一种常见的联营方式。如果合伙时各自不出资，则只是一般意义上的联营；如果合伙公司以资金、实物、技术、劳务等方式出资，并成立了新的公司，则应按照《中华人民共和国公司法》的规定去经营。但无论公司与公司之间是以哪种形式出现，都应在合伙协议中具体说明相关的细则。

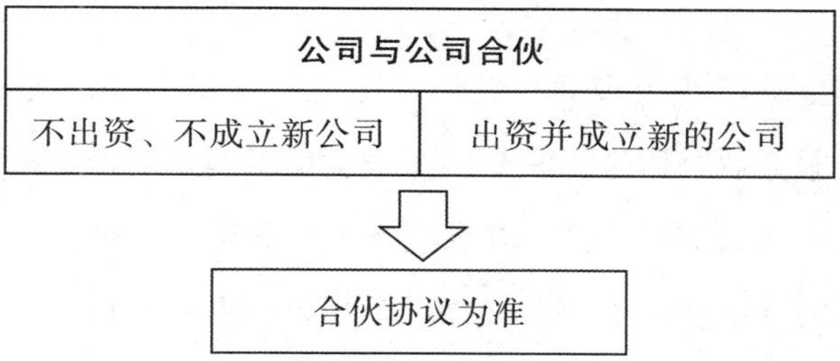

知识链接

什么是联营公司

联营公司，是指由两个或两个以上的公司共同掌控的新的经济实体。

根据《中华人民共和国民法通则》的相关规定，联营有以下三种形式：

（1）法人型联营。

这种联合形式是最紧密、最稳定的方式，主要是指联营各方以资金、实物、技术、劳务等出资，从而组成新的经济实体，并由其独立承担民事责任的联营。

（2）合伙型联营。

这种合伙是指联营的各方以资金、实物、技术、劳务等出资，共同经营，由联营的各方事先按照出资比例或者协议约定，以各自所有的或经营管理的财产来承担民事责任。

（3）合同型联营。

这种合伙是指联营各方既不出资，也不组成新的经济组织，只是按照合同的约定相互协作，各自独立经营，各自承担民事责任。这种联营形式，只不过是联营各方之间较为稳定的合同关系。

经典案例

互联网金融产业出现后，经历了迅猛的发展，2014 年 6 月，在前海深港现代服务业合作区，鹏鼎创盈金融信息服务股份有限公司成功注册，法定代表人为陶军，公司注册资本为 1.5 亿元。该公司的经营范围包括：互联网金融；电子商务（涉及前置性行政许可的，须取得前置性行政许可文件后方可经营）；信息咨询；网上经营、网上提供服务；网上贸易、网上拍卖和网上咨询等服务。

鹏鼎创盈金融信息服务股份有限公司的成立之所以会引起重视，是因为这家公司由兴森科技、天源迪科、沃尔核材、科陆电子、海能达 5 家上市公司，与深圳市高新投创业投资有限公司、深圳市元明科技发展有限公司、深圳大洋洲印务有限公司、深圳市金桔创盈投资管理合伙企业（有限合伙）、深圳市同创盈投资咨询有限公司 5 家投资企业合伙成立的互联网金融公司。

由于经过前期的接触，兴森科技、天源迪科、沃尔核材、科陆电子、海能达 5 家上市公司均看好互联网金融在未来的发展前景，所以才各自拿出公司的自有资金 2000 万元出资，各占新公司 13.33% 的比例，其余的资金则由深圳市高新投创业投资有限公司等 5 家企业出资。2014 年 6 月 3 日，兴森科技等 5 家上市公司与深圳市高新投创业投资有限公司等5家投资企业机构共同签订了《深圳市鹏鼎创盈金融信息服务股份有限公司发起人协议》。

根据这一协议，上述5家上市公司与5家投资企业或机构共同出资，合伙设立了深圳市鹏鼎创盈金融信息服务股份有限公司。该公司的主营业务是互联网金融，属于新兴行业，与兴森科技、天源迪科、沃尔核材、科陆电子、海能达这5家上市公司的主营业务有着很大的区别。尽管这5家上市公司对合伙公司经营方式及管理方式经验不足，并且互联网金融行业存在着一定的政策风险，但它们却深知互联网金融行业的市场潜力巨大，未来不可限量。

实际上，上述5家上市公司这次合伙成立互联网金融平台，目的在于“占山为王”，先抢到一个入口，然后再慢慢研究各自该向哪个领域发展。因此，这5家多为科技企业的上市公司，在信息技术、互联网领域有着较深厚的积累，未来在互联网金融领域也可以集思广益，探索出新的发展之路，这次合伙成立新公司，正是一种以联营公司合伙的战略性合作。

专业点评

1. 公司与公司合伙，从传统意义上讲，是各自的主营业务有交叉的公司之间，基于一种战略性发展的项目合作，如当年联想与IBM公司的合伙。

2. 公司与公司合伙时，如果成立了新的目标公司，往往会就目标公司的管理和经营做出较细的约定。因此，合伙的新公司成立后，应当严格按照约定去执行，否则因经营不善所造成的债务将由双方按照比例承担责任。

1.4 合伙内容

1.4.1 项目与人合作

在合伙制中，项目与人合作是指合作的内容为公司的项目与个人之间的合作。这种合伙内容，在实际合伙中，往往是公司有具体的项目，但需要负责该项目的人来具体实施，公司为了更好地完成这一项目，因此采取与相关工作人员合作；或是个人拥有某一项目，就这一项目与拥有资金的人合伙经营，这种项目往往是专利、知识产权等无形资产。还有一种情况就是公司的工作人员，利用工作之便，寻找到了与公司业务相关的好项目，这时同样可以采取就某一项目与公司的合作。

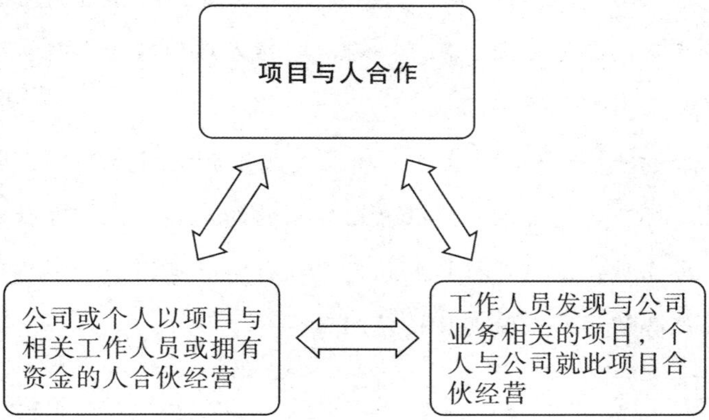

知识链接

什么是无形资产

无形资产，是指没有实物形态的可辨认的非货币性资产。广义的无形资产包括商标权、金融资产、货币资金、专利权、应收账款、长期股权投资等，它们没有物质实体，而是表现为某种法定的权利或技术。狭义的无形资产，即专利权、商标权等。

经典案例

如今，我们都知道雷军和他的小米手机，以及小米公司相继推出的系列产品。然而，在2010年4月小米公司刚成立时，雷军的目标只是小米手机。

有了做智能手机的项目后，雷军便立刻注册了公司，但是，在他当时的团队里，根本没有一个过硬的硬件工程师，因此，这时的雷军急需找一位技术过硬的硬件工程师来合伙。

为了达到这一目的，雷军用Excel表列出了一份很长的名单，然后一个个地去找合伙人。

这一次，雷军一共打了90多个电话，其中，为了说服一名硬件工程师加盟小米手机，跟对方谈了整整10个小时。然而，这名硬件工程师始终不相信小米手机能盈利，不相信公司的这一项目能赚到钱。

雷军当时就问对方："你觉得你钱多还是我钱多？"

硬件工程师回答："当然是您钱多！"

雷军紧接着说道："那就说明我比你会挣钱，不如我们俩分工，你只负责产品研发，我来负责挣钱。"

最后，这名硬件工程师终于答应雷军，加入了小米公司合伙人的行列。

这就是典型的项目与人的合作，雷军用做智能手机这一项目为由，邀请这名硬件工程师合伙。小米公司打开市场后，并没有局限于单一的做智能手机，不仅相继推出了小米路由器，还与上市公司九安医疗合作，生产出了一款血糖仪。小米公司还推出了小米平板电脑、小米空气净化器、小米电视机等电子产品。

专业点评

1. 当项目与人合作时，项目本身好不好虽然决定着其未来的市场潜力，但项目的后期商业运营模式，往往也决定着项目的成与败。因此，当个人与项目合作时，既要分析项目的可行性，同时还要分析执掌项目运营的人或公司，以及其具体的运作方式，这样才能确保人与项目合作后的成功。

2. 当项目与人合作时，如果此人不是与项目相关的人员，通常只能选择在合作中出资，那么拥有项目的公司或个人，则要考虑个人出资的时间性，必须确保对方不会在项目未完成时撤离，以免项目半途而废。因此，双方合伙时，一定要在合伙协议中注明相关细节。

1.4.2 项目与项目合作

从合作内容上来看，项目和项目的合作，是指公司与公司之间就一个整体项目的两个或两个以上的部分项目进行合作，以完成项目的整体。因此，在项目与项目的合作中，往往是同一产业链不同公司之间的合伙。但同时，两个或两个以上的个人，也同样可以就某一项目的不同分工实现合伙，从而完成整体项目。

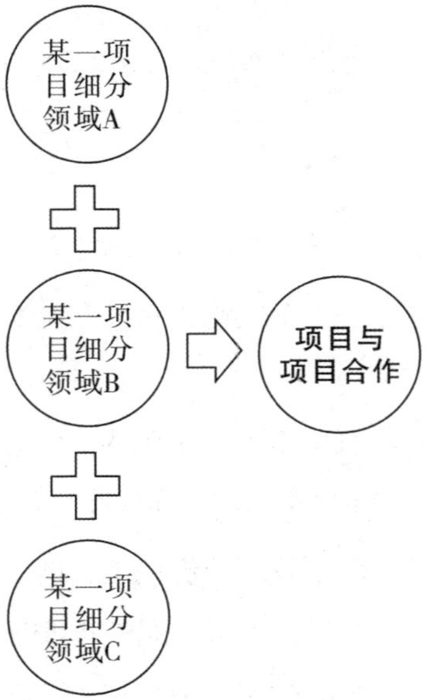

在项目与项目合作中，既可以是个人与个人合伙的形式，也可以是公司与公司合伙的形式，或是个人与公司合伙的形式。

项目与项目合作内容		
个人与个人合伙	个人与公司合伙	公司与公司合伙

知识链接

什么是战略合作

战略合作，是指两个或两个以上的合伙人，出于长期共赢的考虑，并建立在共同利益的基础上，实现的深度合作。在战略合作中，合伙人首先要考虑的是如何建立共同利益，这种利益包括长短期的发展战略，也就是要从整体出发，考虑相互之间的利益，使整体的利益实现最大化。出于战略合作的目的所签订的合作协议，只是合伙人就某一区域或局部所进行的一种简单的合作协定。这种合作，仍然是以各自的利益最大化为主要目的，并不一定能使整体的利益最大化。因此，公司与公司进行战略性合作时，往往会合伙组建一个新的公司，共同出资、经营。

经典案例

旭辉控股集团公司（以下简称“旭辉控股”）是一家以内地住宅开发为主营业务的香港房地产开发企业，它已在港交所上市，股票代码为00884. HK。

2013年5月24日，旭辉控股在与万科、绿地、滨江、复地等众多地产强手的角逐中，以总价35.65亿元夺得了杭州滨江区奥体单元宅地，创造了当年上半年杭州主城区总价地王，同时也成功进驻了杭州主城区的住宅地产开发市场。就在当天，旭辉控股还以3.65亿元的价格，拿下了余杭崇贤新城杭十四中北侧的地块。3天后，旭辉控股在崇贤再次出击，以7.63亿元拿下了四维5号地块。至此，旭辉控股仅仅用了4天时间，便以46.93亿元的价格，完成了公司在杭州布局的第一步。

然而，在夺地后的2013年7月22日，旭辉控股和其全资附属公司旭昇、旭正香港、旭正BVI却与香港恒基（中国）投资有限公司订立了一份合作框架协议，合作成立一家合营企业，共同开发余杭崇贤新城的四维5号地块。

香港恒基（中国）投资有限公司（以下简称“恒基中国”）隶属于香港著名的房地产企业恒基兆业地产集团，主要负责内地的物业发展及投资业务，其在北京、上海、广州、南京等地都有大规模的地产投资。而旭辉控股的总部在上海，此次它在与恒基中国的合作中，占据了新公司49%的股权，而恒基中国则占据了51%的股权。

旭辉控股与恒基中国的此次合作，实际上是一次公司与公司之间的合作，是借余杭崇贤新城的项目做出的战略发展决策，大大降低了公司的投资风险。而双方的此次合伙就是公司特定项目的合伙，两家公司虽然都是地产企业，但在具体项目的整体施工过程中，分工是不同的。

不仅如此，早在2013年6月24日时，旭辉控股就曾公开宣布，将与绿地公司合作开发其所拥有的奥体单元项目，双方各持50%的股份，加上此次崇贤新城四维5号地块与恒基中国的合伙，转出了51%的股权，旭辉控股在杭州的实际购地成本缩减至25.2亿元。这样，旭辉控股既达到了降低投资成本的目的，又借助了其他公司的部分项目专长更好地完成所有项目。待这些项目完成后，它不但能获得盈利，更能得到市场的认可。

专业点评

1. 在项目与项目合作中，通常并不是两个互不相干的项目之间的合作经营，因为从项目的整体上来看，若两个项目没有交集，根本就没有合作的必要，所以，在这种合作中，一定要看清项目的关联性。

2. 在项目与项目合作中，如果是个人与个人就某一项目合作，往往这两人在该项目中能够做到优势互补。比如戴维·帕卡德和比尔·休利特最初合伙成立惠普公司，两人虽所学为同一专业，但各有所长，戴维有着在通用电气公司的工作经历，休利特则利用其在大学里的研究课题“负反馈”，研制成功了阻容式声频振荡器（HP200A）。阻容式声频振荡器成了惠普公司的第一个产品。所以个人与个人的项目合作最好是两个人优势互补的合作。

1.4.3 项目与技术合作

项目与技术合作，指的是在合伙中拥有项目的一方与拥有完成项目所需技术的一方相互合作。其中，技术是指整个项目中使用的技术总和，包括工艺技术方案、技术知识与技能、采用的物质与装备手段等。

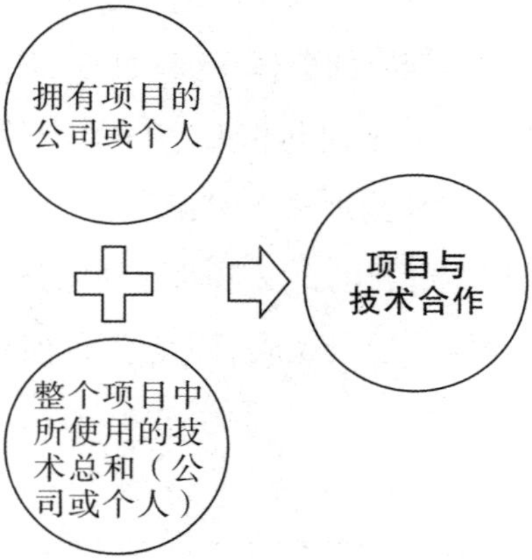

在项目与技术合作中，可以表现为公司以项目与拥有技术的个人合作，或是拥有项目的个人与拥有技术的公司合作，抑或拥有项目的个人与拥有技术的个人合作，或是拥有项目的公司与拥有技术的公司合作。

知识链接

成果权的约定

国家科委颁布的《关于以高新技术成果出资入股若干问题的规定》中规定：以高新技术成果出资入股，成果出资者应当与其他出资者协议约定该项技术保留的权利范围，以及违约责任等。由此可见，技术成果的出资者并不一定会以成果的所有权出资入股，还可保留其中的部分权利，或是在时间上有所约定其合作权。

经典案例

大多数消费者都知道，在电脑、手机等电子产品中，不少公司都拥有自己的品牌与技术核心，那就是项目，而真正要将这一项目转换成产品，则必须交由生产加工厂家去生产，因为只有这些厂家才具备生产技术。

国外的公司如戴尔、苹果，国内的公司如联想、小米等都是这样。比如小米公司，雷军在组成项目和技术团队后，研发出了小米手机的样机，但要想将其大批地生产，就必须寻找生产加工的厂家合作，于是小米公司找到了富士康科技集团。

富士康科技集团（以下简称“富士康”）是由台湾鸿海精密集团在大陆投资兴办的一家高新科技企业，它于1988年在深圳投资建厂，总裁为郭台铭。其后，富士康又相继在中国大陆从珠三角到长三角再到环渤海、从西南到中南再到东北建立了30多个科技工业园区，并在亚洲、美洲、欧洲等地拥有200多家子公司或派驻机构，现拥有120多万名员工。

后来，富士康又通过并购等方式进行了一系列的产业上下游垂直整合，建立起了庞大的电子制造服务体系，2005年成了世界上最大的电子制造服务厂商。

很多人都知道富士康是一家规模大的代工厂，却不知道它一直在重点发展纳米科技、热传技术、无线网络技术、纳米级量测技术、CAD/CAE技术、绿色环保制程技术、超精密复合/纳米级光学镀膜技术、加工技术、网络芯片设计技术、SMT技术等。富士康一直在以这些技术占据着精密机械与模具、半导体、液晶显示、无线通信与网络等领域的市场，进而成为光机电整合领域全球最重要的科技公司。

富士康以其不断提高的生产技术，成了众多品牌科技产品的加工厂。在成为苹果手机的“御用工厂”后，富士康与小米公司也达成了合作，小米公司将其小米手机的生产加工交给了富士康，使得小米公司在确保其产品技术定位的基础上，运用富士康先进的加工技术进行批量生产。

小米公司与富士康的合作，正是一种项目与技术的合作，因为就小米公司而言，只有一个公司的产品研发团队和销售团队，也就是项目团队，而富士康则是掌握智能手机生产加工技术的公司。这种公司与公司的合作，就是项目与技术的合作，所以才有了如今人们熟悉的年销售额过千亿元的小米手机系列产品。

专业点评

1. 在项目与技术合作中，拥有项目的公司与拥有技术的个人合作，往往是公司以项目与相关技术核心人员的合作。因此，对于许多互联网创业者来说，要想达成这种合作，自身必须拥有完成项目所需的过硬技术。

2. 在公司与公司的项目合作中，往往是合作一方拥有产品的技术核心，而另一方或多方拥有生产加工的技术。如果双方均拥有一定的领先技术，这种合作则是从战略角度达成的合作。

1.4.4 项目与资金合作

在合伙制的表现内容上，项目与资金的合作，是很多创业者较为普遍选择的一种形式，它是指拥有项目的人或公司，以其行业领先的技术与资金进行合作，这样，以确保项目能够顺利完成，从而转化为财富。

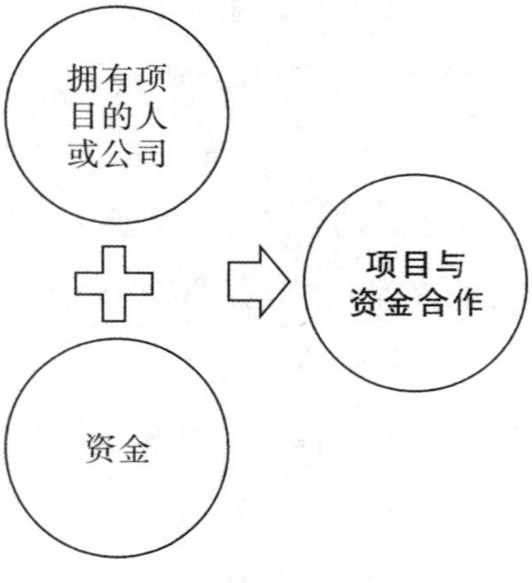

在项目与资金的合作中，拥有项目的主体可以是公司或自然人，资金也可以是个人或投资公司。也就是说，在这种合作中，拥有项目或资金的主体均可以以自然人或公司的形式出现。

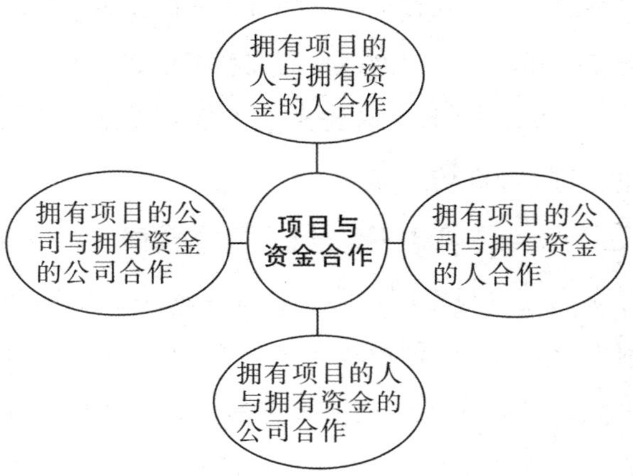

知识链接

什么是知识产权出资

知识产权出资，是指在合伙成立企业或公司时，合伙一方为拥有知识产权的所有人，并将自己拥有的知识产权作价出资，与另一方拥有资金的合伙一方组成企业或公司。在一方以知识产权的方式出资时，必须确保其所拥有的知识产权的完整性，即其必须拥有依法转让的知识产权专有权或使用权，并以此作价，投入合伙的企业或公司，从而获得股东资格。

经典案例

在项目与资金的合作中，传统思维的合作都是一方提供项目技术，而另一方（或多方）出钱，这类合作方式往往是一些高科技企业与风险投资的合伙，是一种资金投资科技的风险投资，这在美国较为普遍。

杨致远与戴维·费洛共同组建的雅虎公司，便是在成立后通过与红杉资本200万美元的资金投资合作，从而成长和壮大起来的。

在雅虎公司与红杉资本的“项目+资金”合作中，双方均获得了最终的成功：雅虎公司因红杉资本200万美元的资金支持发展迅速，雅虎成了美国著名的互联网门户网站；而红杉资本200万美元的投资收益也相当不错，以1996年3月7日雅虎上市日的收盘股价计算，红杉资本的投资收益达到了200倍之多。

作为风投公司，红杉资本不仅投资了一些美国的高科技企业，同时中国分部也曾投资过很多中国公司，比如唯品会、乐峰网和聚美优品等，尤其是利用资金与鼎晖创投联合投资了奇虎360公司4500万美元，当奇虎360公司成功在美国纽交所上市后，收益达到了4.46亿美元，整整翻了8.9倍。奇虎360公司也因红杉资本与鼎晖创投等投资公司资金的注入，得以快速发展，成了国内杀毒软件市场占有率最大的公司。

然而，这些风投公司与高科技项目和技术的合作，只是一种传统意义上的项目与资金合作形式，近年来又出现了一种新的项目与资金的合作方式——众筹。

所谓众筹，就是个人或企业有好的发展项目时，向公众筹集资金寻求合伙的方式。比如曾为欧美等多家连锁餐饮集团开拓了中国市场的印度人多德，在西安创建了自己的品牌——红堡，后来在深圳福田CBD家庭广场开设印度文化餐厅时，红堡就使用了这种众筹的合作方式，其定位为中国首家印度文化餐厅。

此次，红堡印度文化餐厅众筹的目标是320万元，委托人人投深圳运营中心进行众筹，很快便筹集到了全部资金。就这样红堡印度文化餐厅在深圳正式成立。

多德说：此次筹集资金的方式就是众筹，其实它就是以自身富有特色的项目与技术，去寻找资金的典型，只不过，它选择的资金主体是广大投资者。由于门槛低，该项目得以顺利实行。而内地许多行业的项目因项目没有亮点，纵使认投价格再低都无济于事。比如，专注于美容行业翘楚董宝果，欲在辽宁大连创办铭造型美发机构时，同样委托了人人投，可是直到期限结束，也只有项目出资方 20% 的认购。而此次众筹的认购为三个阶梯：1000 万元、3000 万元和 20000 万元，认购金额并不高，却遭遇了惨败。

专业点评

1. 在项目与资金合作中，拥有项目与技术的一方，在寻求资金合伙时，选择什么方式并不重要，关键在于项目与技术是否有吸引力和回报率。项目与技术的热度越高，其对资金的吸引力往往就越大。

2. 在项目与资金合作中，拥有项目与技术的一方，应当表明项目成功所需的时间。当风投公司介入后，应做好再次融资，以免风投等机构获利后出逃，从而危害项目的持续发展。

1.4.5 项目与社会资源合作

社会资源，是指为了应对社会需要、满足社会需求，所有能够提供而且足以转化为具体的服务内涵的一种客体。因此，项目与社会资源的合作，就是指某一能够满足这种社会需求的项目和这些社会资源客体之间的合作。

需要注意的是，社会资源可分为有形资源与无形资源，有形资源包括人力（顾问、职员等），物力（家具、设备、用品等），财力（政府补助、私人捐献、企业或个人赞助等），场地空间等；无形资源包括知识、技术、组织、社会关系等。

社会资源							
有形资源				无形资源			
人力	物力	财力	场地空间	知识	技术	组织	社会关系

知识链接

社会资源有什么特点

（1）社会性

人类本身的劳动、生存和发展，都是在一定的社会交往、社会形态、社会活动中来实现的。知识资源、劳力资源、信息资源、财力资源等社会资源都无一例外。社会资源的社会性主要表现在：①不同的社会生产方式产生不同的数量、不同的质量、不同的种类的社会资源；②社会资源可以是超越国界和种族关系的，是任何人都可以掌握和利用并创造出社会财富的。

（2）继承性

社会资源因为有继承性的特点，所以就出现了不断扩充、积累、发展的现象。知识经济时代就是人类社会知识积累到一定阶段和一定程度后出现的产物，就是积累到“知识爆炸”，使社会发展以知识为基础。这种积累使人类经济时代发生了一种质变。所以，社会资源的继承性，使人类社会的每一代人都是在前人创造的基础上开始发展的，从而又进一步创造了新的财富。因此说，社会财富的积累，反过来必然会加速科技的发展。

（3）主导性

社会资源的主导性，主要体现在两个方面：①社会资源决定资源的利用、发展的方向；②把社会资源变为社会财富的过程中，它表现、贯彻了社会资源的主体——人的愿望、意志和目的。

（4）流动性

社会资源流动性的主要体现是：①劳力能够从A地迁到B地；②资料能够交换，学术能够交流，商品能够交易；③技术能够传播到世界各地。

（5）不均衡性

社会资源的不均衡性是由几个原因形成的：①经营方式和差异性；②自然资源分布的不平衡性；③社会制度对人才和科技发展的影响作用的不同；④经济政治发展的不平衡性。

经典案例

如今，很多大学生在毕业后甚至是上学期间，就开始了自主创业，其中，多数都是利用自己所学的知识，通过进一步钻研来创业的，或是利用亲戚、朋友为其提供的资金创业的。但有的在校大学生，却通过项目与社会资源合作实现了自身的创业目的，他们极少投资，甚至是不投入，这充分体现了社会资源的重要性。

陈文彬是福州大学阳光学院工商管理系的学生，还在读大学期间，他就想到了毕业后的自主创业，可是选择什么呢？思来想去，他决定在自己的家乡泉州开一家加盟特色粥店。然而，问题接踵而来，因为他并不会做那些特色粥。为了掌握这一技术，他远赴北京的加盟店总部进行了学习和培训。

巧的是，福州大学阳光学院在他毕业那年设立了毕业生创业基金，每年都会从学院收取的学费中提出100万元，用以鼓励毕业生们自主创业。恰好在陈文彬毕业的那年3月，学院出台了具体的基金管理办法，学院原则上每年共扶持10个创业项目，每个项目最高可获10万元创业基金的资助，这些资助不收取利息，相当于无息贷款。

陈文彬在掌握了做特色粥的技术后，即刻向学院递交了自主创业申请，并很快得到了学院的批准。当年，和陈文彬一起递交申请的还有4个人，却只有陈文彬的申请得到了批准。于是，陈文彬在得到这笔资金后，回到家乡开始了选址、装修、职员培训和申请营业执照等开店筹备工作，最后成功开了一家特色粥铺。

陈文彬之所以能够顺利通过创业基金的申请，是因为他的申请不盲目，他是带着具体的项目去申请的，这恰好与学院创设创业基金的目的相同，因此，他才能顺利地拿到这笔资金。事实上，学院为学生所提供的创业基金，正是财力方面的有形社会资源，而陈文彬很好地利用了这一社会资源，使得他在自主创业的路上有了资金的支持，从而实现了创业的梦想。

专业点评

1. 社会资源并不仅仅是资金的帮助，物力、劳力也是一种有形的社会资源，创业者应当结合自身的项目，选择那些对自己创业帮助最大的社会资源充分利用，以达到创业的目的。

2. 除了有形资源外，还有知识、技术、组织和社会关系等无形资源，创业者在创业时也应当以自己所要从事的项目出发，广为寻找，一旦找到，必须充分利用。因为这些无形资源，很有可能会对自己的创业项目产生极大的帮助，毕竟创业者在初创时期，力量是薄弱的，所以要尽可能地与各种社会资源合作。

1.5 合伙制与公司制的区别

1.5.1 合伙企业与有限责任公司的区别

根据《中华人民共和国合伙企业法》和《中华人民共和国公司法》，合伙企业与有限责任公司有以下几点区别：

（1）法人资格。

合伙企业不具有法人资格；有限责任公司是企业法人，公司依法自主经营、自负盈亏，独立承担民事责任和享有民事权利。

（2）责任。

合伙企业是由合伙人共同出资，合伙经营、共享收益、共担风险，并承担无限连带责任的企业，按照合伙协议的约定，合伙人享受相应权利和承担相应义务。有限责任公司是以股东出资额为限承担责任并享有资产收益、重大决策和选择管理者等权利。

（3）财产。

合伙企业的财产不属于合伙企业所有，属于所有合伙人共有，合伙人与合伙企业是连带责任关系。有限责任公司是自主经营、自负盈亏，独立承担民事责任和享有民事权利。

（4）税收。

合伙企业不缴纳企业所得税，只是按照规定，合伙人需缴纳个人所得税；有限责任公司要缴纳企业所得税。

合伙企业	·不具法人资格； ·共同出资、共享收益、共担风险，承担无限连带责任； ·企业财产不属于合伙企业所有，属于所有合伙人共有； ·不缴纳企业所得税，只按照规定，合伙人需缴纳个人所得税
有限责任公司	·具有法人资格； ·股东按比例出资，并以出资额的比例承担责任和享有资产受益、重大决策和选择管理者等权利； ·自主经营、自负盈亏，独立承担民事责任和享有民事权利； ·按规定缴纳企业所得税

由于合伙企业与有限责任公司有着这些不同，因此，合伙企业与有限责任公司相比，各自都有利弊：合伙企业较有限责任公司的规模偏小，成立灵活，运营比较自由，而有限责任公司运营较为规范，但是合伙企业的合伙人要承担无限连带责任，有限责任公司的股东却只承担以出资额为限的有限责任。

知识链接

什么是有限责任公司

有限责任公司，是中国企业实行公司制最重要的一种组织形式，是指根据《中华人民共和国公司登记管理条例》规定，登记注册有限责任公司，由50个以下的股东出资成立，并且每个股东只以其认缴的出资额对公司承担有限责任，公司以其全部资产对债务承担责任的一种经济组织。有限责任公司简称有限公司，包括国有独资公司和其他有限责任公司。有限责任公司的特点是：

（1）有限责任公司不能上市，即不能公开募集股份和发行股票。

（2）股东是以其出资额为限对公司承担责任的。

（3）股东人数，由 1 个以上、50 个以下的数量组成，并共同出资。

经典案例

从传统思维出发，很多人在创业时都想成立一个合伙企业，这种想法固然很好，但是对于普通人而言，他们手里往往没有一个好的项目，因此，很难实现与他人合伙创建一个企业的梦想。可这并不影响以合伙的形式来创业。

滴滴出行就是这样一个平台，合伙人只需要有一部车，即可加盟公司，并且在与滴滴出行的合作中，因是与滴滴出行的自然人合伙，因此无须缴纳企业所得税，只需按照规定缴纳个人所得税即可。

跟那些加盟并与滴滴出行进行合伙的司机相比，滴滴出行所在的公司北京小桔科技有限公司却是一家有限责任公司，需按照规定缴纳相关的企业所得税。北京小桔科技有限公司的创始人程维，在最初与他的合伙小伙伴们研发出行软件时，公司还未成立，此时，他们是最初的一种合伙企业，当时只需缴纳个人所得税即可，而无须关注企业缴税的问题，但在 2012 年 7 月，程维成立了北京小桔科技有限公司。此时，公司的规模虽不大，却要面临各种税收的问题。然而，作为一个为出行服务的项目，不成立公司，则难以运营，因此才有了北京小桔科技有限公司。

对于北京小桔科技有限公司和程维而言，此时不仅要面对各种税收，同时还要负责公司的运营，但后者才是当时的关键。如果他当时不以公司的发展出发，出行服务是无法对外推广的。并且，他成立的公司是互联网企业，与投资机构不同，投资机构只需一个内部框架就可以运营，而企业在对外运营上必须以公司的形式出现，正因为如此，才有了北京小桔科技有限公司出现后的多轮融资。要知道，在合伙企业中，程维只能拉新的合伙人，却无法实现股权融资。

这一点也是有限责任公司与合伙企业的最大区别，因此，不管是程维的北京小桔科技有限公司，还是当时与滴滴出行竞争激烈的快的打车，几乎所有的互联网企业，在成立时都是以有限责任公司的形式出现。因为相对于传统行业而言，互联网企业更需要成立后的持续融资。

然而，在与滴滴出行的合伙中，司机们却根本无须考虑这些，因为，他们完全是以合伙人的身份存在。

专业点评

1. 除了特殊行业，如以投资为主的私募，或是专业性较强的律师事务所、审计事务所等之外，很多人创业时，最初可能企业都会以合伙制的形式出现，但发展壮大后往往会改为公司制。

2. 合伙制更适合那些创业者对初创企业采用，因为风险小、规模小，且成立较为简单，一旦企业步入快速发展期，应根据自身的情况决定是否改为公司制。

1.5.2 合伙企业与股份公司有什么区别

根据《中华人民共和国合伙企业法》和《中华人民共和国公司法》，合伙企业与股份公司有如下区别：

（1）成立方式。

合伙企业是两个或两个以上的合伙人联合经营企业，企业所得由合伙人分享，合伙人对企业的亏损承担无限连带责任；股份公司是以投资入股或认购股票的方式，将企业财产联合组织起来，股东按股权多少享有管理权和分配收益。

（2）承担的责任。

在合伙企业中，所有的合伙人都对合伙企业的全部外债承担无限连带责任；股份公司通常指股份有限公司。在股份有限公司中，股东以出资额为限，对公司债务承担有限责任。

（3）利润分配方式。

在合伙企业中，合伙人按契约进行分配，契约由合伙人在成立合伙企业前协商订立，可以平均分配利润，也可以不平均分配利润；股份公司的利润分配严格按照股权进行，股权越多，分配到的利润就越多。

（4）加入与退出的规定。

在合伙企业中，合伙人退出或新合伙人加入时，必须取得全体合伙人的同意，并重新签订协议；在股份公司中，股东不能退股，但可以将自己的股份转让给其他人。

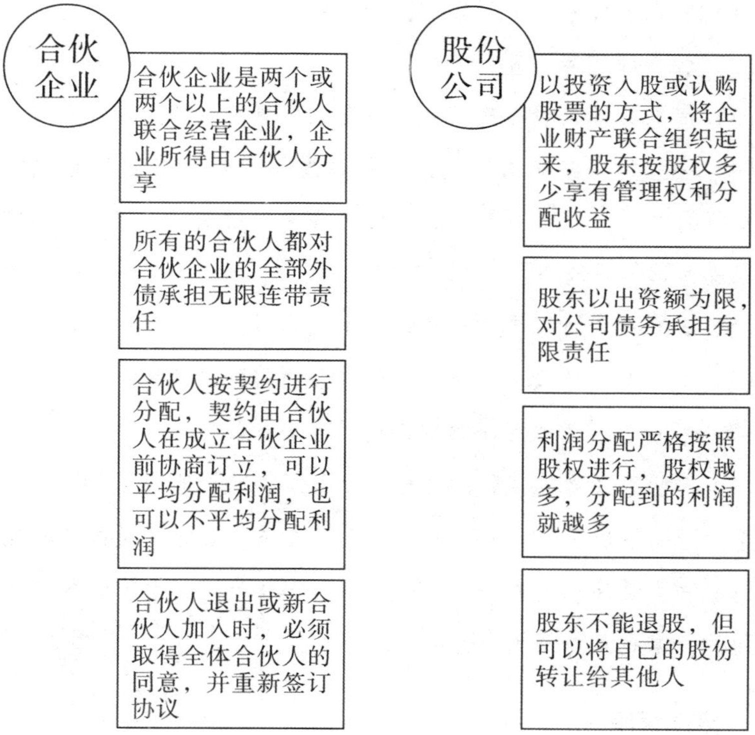

知识链接

什么是股份公司

股份公司，是公司资本以股份的形式组成的公司，每位股东均以其认购的股份为限，对公司承担相应的责任。设立股份公司时，应当有2～200人为股东的发起人，注册资本的最低限额为500万元。因为股份公司是负担有限责任的有限公司，所以股份公司一般合称为“股份有限公司”。

股份公司的特点是：

(1) 股东人数不能少于2人，不能多于200人。

(2) 独立的经济法人。

(3) 股东按其入股金额对公司债务承担有限责任。

(4) 公司的全部资本应划分为等额度的股份，然后可通过向社会公开发行的办法向社会筹集资金。任何人只要拥有了这类公司的股份，就可以成为该公司股东。

(5) 公司股份可以自由转让，但不能退股。

(6) 股份公司的设立和解散必须按照严格的法律程序执行。

(7) 股份公司的账目必须定期向社会公开。

一个人能否成为某家股份公司的股东，决定于他是否购买了该公司的股票，而不取决于他与其他股东的人身关系。因此，股份公司能够广泛、迅速和大量地吸纳资金。同时，有限责任公司、无限责任公司、两合公司的资本也都能够划分为股份。

经典案例

广东长城集团股份有限公司是一家主要从事各式高档工艺瓷的研究、开发、制造和经营的陶瓷公司，于2010年6月25日在深市创业板上市，股票代码：300089，股票简称“长城集团”，后变更为“文化长城”。

上市时，截至公司招股说明书签署之日，持有长城集团5%以上股份的主要股东及实际控制人为：吴淡珠、蔡廷祥、陈素芳、中证投资、深港产学研。蔡廷祥和其配偶吴淡珠为公司实际控制人，共同持有长城集团4353.00万股，占总股本的58.04%。

在长城集团其他股东的情况中，杭州中证大道丰湖投资合伙企业（下文简称“中政大道”）即是一家合伙企业，其成立于2009年6月15日，执行事务合伙人为张晓辉，其合伙企业的类型为有限合伙企业，企业经营范围为实业投资。

中证大道的合伙情况如下：

张晓辉：普通合伙人（1万元）

荆炜国：有限合伙人（260万元）

荆涛：有限合伙人（1800万元）

合计：2061万元

3个合伙人就合伙企业投资广东长城集团股份有限公司签订了一份合伙协议，并约定了此次投资的利益分配和责任承担：

（1）长城集团上市后，中证大道的投资收入扣除投资本金后的余额为投资利润，投资利润扣除投资顾问管理报酬后由各合伙人按实际出资比例分配。

（2）因正常投资事宜或不可抗力发生的亏损，金额不大于合伙人实际出资的，由合伙人按照实际出资比例承担亏损；因正常投资事宜或不可抗力发生的亏损，金额大于合伙人实际出资的，由执行事务合伙人承担。

（3）因正常投资事宜之外且并非不可抗力的其他原因发生的亏损，全部由执行事务合伙人承担。

根据这一合伙协议内容，中证大道投资长城集团后，一旦出现上述几种亏损，责任的承担将按合伙协议中内容执行。如果不属于上述情况而出现亏损时，责任则由3个合伙人共同承担，并且投资的利润由3个人共享。

相反，作为中证大道所投资的长城集团，除去两家投资机构外，主要股东为蔡廷祥、吴淡珠、陈素芳，因公司是股份公司，所以，股东在公司运营过程中将按照各自所持的股份来获取各自的利益，并承担相应的责任，同时按照各自所持股份的多少，行使公司的各种权利。并且，这3个股东所持的公司股份不能退出，只能在经董事会同意后进行转让。然而，作为合伙企业的中证大道，其中1名合伙人只须获得另2名合伙人的同意，即可退出合伙企业。

专业点评

1. 相对于股份公司，合伙企业更为灵活，成立起来较为简单，解散也较为简单。股份公司要按照公司章程运营，股东退出还需将所持公司股票转让出去（控股股东除外）。

2. 尽管合伙企业相对股份公司较为灵活，但合伙企业的运营往往风险较大，因此，合伙企业要想做强做大，就必须在条件成熟时将合伙企业转为股份公司。

第二章

合伙制种类

——总有一种形式适合你

不同的合伙制种类，会有不同的表现形式，而不同的情况，同样可以在合伙制的基础上，延伸出各种不同的合伙表现形式。合伙制是一种基于合伙后共同经营的体制，但在具体表现上，往往又不拘泥于形式。你只需明确合伙经营的目的，至于如何去合伙，或选择哪一种形式合伙，完全取决于你自身的具体情况。

2.1 双层制股权结构

2.1.1 什么是双层制股权

双层制股权是西方一种普遍的合伙制度之下的表现形式，是指公司由几位原始股东合伙成立，但其后，随着企业的不断发展，遇到了再次融资合伙，出现了其他大股东。公司上市后，后来融资成为股东的风投等往往会很快卖掉股份兑现，但创始人不愿卖掉自己创立起来的企业，所以设计出了双层制股权。因此，公司会发行两种股票：A 类股与 B 类股。

公司向外部投资人公开发行的，也就是在融资中寻找新合伙人时发行的股票，为 A 类股，每股只有 1 票的投票权，而公司管理层人员手上的为 B 类股，每股可以有 10 票的投票权。B 类股不能够公开交易，但可以按照 1∶1 的比例转换成 A 类股后再进行交易。如果公司被出售，这两类股票将享有同等派息和出售所得的分配权。

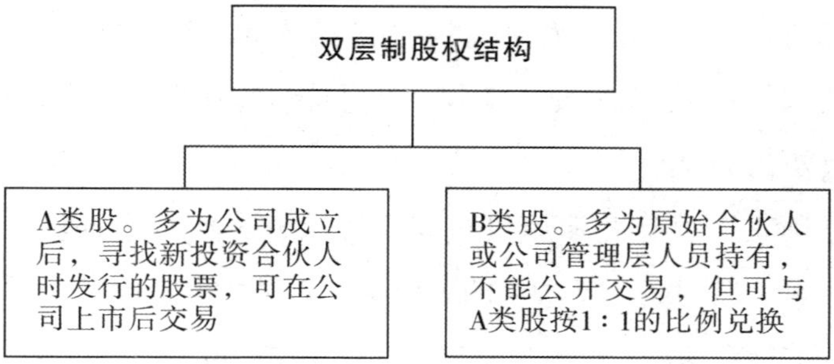

知识链接

什么是流通股与非流通股

流通股，是指股票可以在深圳证券交易所、上海证券交易所新三板（全国中小企业股份转让系统）等市场上自由交易转让的股票。与流通股对应的是非流通股，是指暂时不能够在证券市场上交易的国有股和法人股。

经典案例

双层制股权结构在美国很普遍，比如谷歌等公司，并且纽约证券交易所和纳斯达克市场允许这种结构的公司上市，因此，阿里巴巴可以在纽约证券交易所上市。

在合伙制企业中，阿里巴巴可以说是典型的双层制股权结构，在其董事会中，共有四位原始股东：杰奎琳·雷瑟斯（美国雅虎）、马云（阿里巴巴）、孙正义（日本软银）和蔡崇信（阿里巴巴）。

其中，马云仅持有阿里巴巴集团股权的7.4%，再加上另外28名管理层人员，一共也只有10.4%的股权。日本软银持有阿里巴巴集团股权的36.7%，美国雅虎持有阿里巴巴集团股权的24%。很显然，这些原始股东和管理层人员所持有的股份虽比例有大有小，但均为B类股，即不能够直接上市流通。因为这些原始股东和管理层人员，需要用所持有的股份来控制阿里巴巴的决策权，并且他们均看好企业的未来发展而企盼获得更大的收益。

除了阿里巴巴这些原始股东和管理层人员所持有的股份（合计71.1%）外，公司还有28.9%的股份属于A类股，是可以上市流通的。但是，这些能流通的股票的投票权却远低于原始股东和管理层人员所持有的，从而呈现出了同股不同权的现象。也就是说，即使投资者通过纽约证券交易所持有了阿里巴巴 10% 的股份，也只能成为公司的控股股东，却不能左右公司的决策权，更无法与持有公司 7.4% 股份的马云相提并论。

专业点评

1. 在国内双层制股权结构出现的早期，很多上市公司也存在这种现象，比如国有股、法人股，因为国家或法人需要拥有一定比例的股票，以实现公司的控制权，因此即使是股份的类型改变后，许多上市公司实现了全流通，其持股比例仍然受到限制。所以即使当前许多国有上市企业实现了全流通，实际上仍然存在持股比例的限制。

2. 在同股不同权的双层制股权之下，创始人与管理层人员往往并不太计较公司的分红，他们更关注手中股份的决策权。

2.1.2 双层制股权结构的特点

双层制股权结构的公司，因为存在同股不同权的情况，有着比较鲜明的特点：

（1）股价相同。

在双层制股权结构中，股票的价格是相同的。

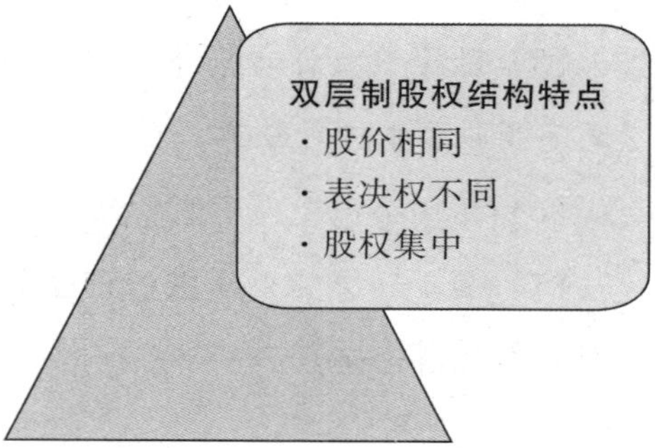

（2）表决权不同。

在双层制股权结构中，虽然两种股票价格没有差别，但原始股东、管理层人员手中的股票，其表决权却远远高于普通股。

（3）股权集中。

原始股东和管理层人员可利用双层制股权结构的特性，将公司的权力集中在少数人手里。

知识链接

什么是法人股

法人股，是指企业法人以其依法可支配的资产，向公司投资形成的股份；或是具有法人资格的事业单位和社会团体，以国家允许用于经营的资产向公司投资形成的股份。

法人股转让时，会受到一定的限制：

（1）股份公司发起人所持有的本公司股份，自公司成立之日起3年内不得转让。

（2）法律法规规定不得从事营利性活动的主体，不得受让公司股份，如商业银行不得向非银行金融机构和企业投资。

（3）法人股只能在法人之间转让，不能转让给自然人或其他非法人组织。

（4）在上市公司的收购中，收购方持有的上市公司股票，在收购行为完成后的6个月内不得转让。

（5）除了核减公司资本，或与持有本公司股票的其他单位合并，公司不得收购本公司股票。

（6）中国公民个人不能作为中外合资（合作）有限公司的股东。

（7）属于国家禁止或限制设立外资企业的行业的公司股权，禁止或限制向外商转让。

经典案例

刘强东在1998年6月18日创办了北京京东世纪贸易有限公司（京

东)。京东是中国最大的自营式电商企业,2015 年第一季度,京东在中国自营式 B2C 电商市场的占有率高达 56.3%。可以说,京东是仅次于阿里巴巴、腾讯、百度的中国第四大互联网上市公司。

京东自创办以来,一直在与各大电商持续进行着“烧钱”战,而互联网企业里这种“烧钱”的游戏很残忍,同时也很现实。因为这种游戏要求企业必须拥有足够的资金来支持你“烧”,比如京东在与当当的图书大战中,可谓与当当“两败俱伤”,但是最终京东用“烧钱”战胜了一个又一个竞争对手。

企业成立后,处处面临“缺钱”的境况,这就注定京东需要一轮又一轮的融资,以保住它在“烧钱”大战中始终“不差钱”的地位。虽然融资对企业来说是好事,但同时也会有弊端,那就是股权的流失。因为企业融资多了,股权自然会被稀释,决策层很容易因此而丧失决策权和掌握权。

2014 年,刘强东被迫与风险投资商签署了对赌协议:3 年内销售额达不到 750 亿元规模,对方即可撤资走人。刘强东签的这份对赌协议,在电商“烧钱大战”激烈的 2014 年,无异于饮鸩止渴。因为公司一方面大举“烧钱”,一方面又要保证销售额,这让刘强东顾此又不能失彼,但为了能战胜竞争对手,他还是选择签了。

事实上,刘强东并不担心掌控权的问题,因为他在北京京东世纪贸易有限公司里,采用了很多国内公司都不敢用的双层制股权结构。在京东上市前,刘强东持有及获得投票权的公司股票共计 13.74 亿股,占总股本的 55.9%。然而,京东上市后,刘强东将所持有的股票转为了 B 类股票(每股有 20 个投票权),投票权高达 83.7%。并且京东上市后公开发行的股票均为普通股,一股只有一个投票权。

在京东大举融资过程中,刘强东正是通过这种双层制股权结构的设置,在顺利融到资金的同时,又一直未放松京东的控制权,即使当时腾讯持有其 1500 万普通股时,投票权也依然被刘强东紧紧地攥在手心里。

可见，在创办京东后，刘强东一直在通过这种双层制股权结构的设置，牢牢把控着京东经营管理权。

专业点评

1. 双层制股权结构的公司在国外较普遍，并且是允许这样的公司上市的，但中国的A股市场，不允许同股不同权的存在，因此国内那些使用双层制股权结构的公司，最后都选择了在纽交所或是纳斯达克交易所上市。

2. 双层制股权结构之所以经常出现在国内互联网企业中，是因为这些企业的发展速度迅猛，短时间内对资金的需求量较大，而风投等机构的大举介入，又势必会持有公司的大量股权，因此，创始人为了掌控公司的决策权，不得不对公司采用这种股权结构模式。

2.2 伞形合伙制

2.2.1 什么是伞形合伙制

伞形合伙制，是指企业在合伙制的基础上，采用多种形式的合伙方式。这种体制既保障企业的顺利运行，又能保持企业创始人与管理层对公司的控制权，从而不让企业因上市和股权数量出现变化后，创始人与管理层因此丧失控制权。要知道在合伙制企业发展过程中，会有资本方介入，而介入的资本方并不会与创始人或管理层在企业发展目标上始终保持一致。因为介入的资本方会通过企业的上市，获得巨大收益后离开，但创始人与管理层是不会放弃企业的，所以，只有创始人与管理层掌控企业的决策权，才不会让企业因上市而成为资本的牺牲品。

知识链接

什么是存托股

存托股，是存托凭证的一种。存托凭证又被称为存券收据或存股证。它是指在一个国家的证券市场流通的、代表外国公司有价证券的一种可转让凭证，属于公司融资业务范畴的一种金融衍生工具。

例如，某一国家的上市公司为了令其股票在国外流通，将一定数额的股票，委托某一中间机构（通常为一家银行机构，称作保管银行或受托银行）保管，再由保管银行通知国外的存托银行，在当地发行一种代表该股份的存托凭证，然后，存托凭证便开始在这一国家的证券交易所或柜台市场进行交易。存托凭证的当事人，必须在国内有发行公司和保管机构，在国外有存托银行、证券承销商和投资人。

从投资者的角度来讲，存托凭证是由存托银行所签发的一种可转让的股票凭证，证明一定数额的某一外国公司股票已经寄存在这一银行的国外保管机构，凭证的持有人，实际上是寄存股票的所有人，其所有的权力与原股票持有人相同。

存托凭证一般代表上市公司的股票，有时也代表债券。而在美国发行的存托股，就是美国存托凭证，是专门指面向美国的广大投资者发行，并在美国证券市场交易的存托凭证。

经典案例

伞形合伙制较为少见，即使是在西方发达国家，也并不多见，投资银行 Evercore Partners、支付处理公司 Vantiv 和在线外汇交易提供商 FX-CM 都采用了这种合伙制结构，并取得了成功。然而在中国，却只有阿里巴巴集团选择了伞形合伙制。

我们都知道，阿里巴巴集团是中国合伙制企业的代表，因为一直以来，阿里巴巴集团都是炙手可热的互联网企业，在它的成长中，一路打败了国外的众多电商，如 eBay 等，成为世界十大互联网公司之一。也因其巨大的发展潜力，在公司成立不久后，便受到了很多国外风投机构与资本的青睐，他们很早就成为阿里巴巴的合伙人，比如日本的软银、美国的雅虎。

在阿里巴巴未上市时，日本软银和美国雅虎便成为阿里巴巴的合伙人，其中，日本软银持有阿里巴巴 35% 的股权，美国雅虎持有阿里巴巴 24% 的股权，并在阿里巴巴集团由 4 人组成的董事会中占有席位，当时，阿里巴巴由 28 人组成的合伙人架构中都没有派驻代表。

阿里巴巴是在2010年时实行合伙人制度的，通过不断整合，至2013年1月10日，它在原有的组织架构上，将旗下的各子公司调整为25个事业部，并在上市前吸纳了27名合伙人，其中美国雅虎的杨致远进入了董事会。

然而，阿里巴巴合伙人的团队在上市前的董事任命中，由马云、蔡崇信、陆兆禧和张勇4人作为执行董事进入董事会；日本软银则提名孙正义担任非执行董事，杨致远、董建华、郭德明和Michael Evans则作为独立非执行董事进入了阿里巴巴的董事会。但是，美国雅虎表示，按照此前多方的合伙协定，在阿里巴巴正式上市后，雅虎将退出上述席位。于是，阿里巴巴集团董事会最终成员为9人。

阿里巴巴合伙人拥有独家提名多数董事会成员的权力，但这些合伙人并未完全行使其“独家提名多数董事会成员”的权力，只是任命了4名合伙人进入董事会。

香港特别行政区原行政长官董建华的加入，透露出阿里巴巴对以香港为中心的中国大陆以外华语市场的重视。而另外两名独立非执行董事人郭德明（Walter Kwauk）和迈克·埃文斯（Michael Evans）的加入，也表现了阿里巴巴对海外市场的重视，因为迈克·埃文斯曾在毕马威会计师事务所先后担任多个高级管理职位，包括毕马威会计师事务所的合作会计师事务所总经理、上海及北京毕马威会计师事务所管理合伙人和香港毕马威会计师事务所合伙人。郭德明原为高盛的副董事长，长期分管高盛公司的全球增长市场。

其实，在阿里巴巴打算在香港上市时，就提出了阿里巴巴仍将以马云、企业高管和其他内部人士在内的28位合伙人为核心团队，并且马云希望让持有阿里巴巴10%股票的内部人士获得董事会的多数提名权，不料却因此失败。

马云之所以这样做，是为了避免企业因上市后合伙人中资金的转移，从而导致公司控制权的丧失。在公司于纽交所上市前，他通过各种方式的合伙，集中公司的控制权于创始人与管理层之间，所以，伞形合伙是其集中控制权的首选——借助多方合伙分散和削弱投资机构的合伙人手中的控制权。

阿里巴巴的伞形合伙人制度，尽管其不同于传统的合伙企业法中的合伙制，也不完全等同于双层制股权结构，但根据这种制度，由合伙人提名董事会的大多数董事人选，而非根据股份的多少分配董事席位。这使得马云等创始人与管理层在公司于 2014 年 9 月 19 日在美国纽交所上市后，以每股美国存托股 68 美元的发行价成为美国融资额最大 IPO 的同时，依然拥有着对公司的控制权。

专业点评

1. 伞形合伙制不同于合伙企业法中规定的合伙制，因此没有一定的章程，合伙企业可根据自身企业的具体情况，选择适合自己的不同合伙方式。

2. 在伞形合伙制中，无论企业采取何种方式合伙，目的都是为了增强创始人与管理层对企业的控制权不受短期资金合伙人的制约，从而达到长期发展企业的目的。

2.2.2 伞形信托合伙制的特点

在伞形信托合伙制中，往往有着较为明显的特征：企业如果采用伞形信托合伙制，不论是以什么方式出现，其合伙制特征都较为明显；企业的合伙形式至少为两种，但在这种多形式合伙的伞形信托合伙制中，无论是以什么形式出现，其目的都是为了能够更好地发展企业。

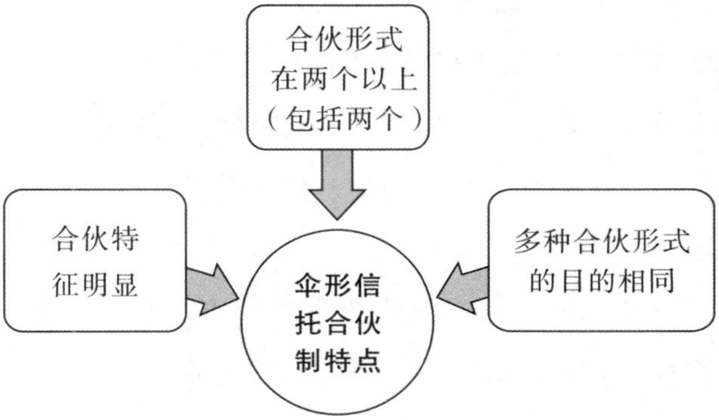

知识链接

什么是伞形信托合伙制

伞形信托合伙制，是指信托公司在发行信托产品计划向出资人募集资金时，以至少两种以上的伞形信托产品作为有限合伙人参与合伙制企业。这种方式的出现，大多由于证券投资信托账号短缺和账号费昂贵，因此其往往以母子信托的模式成立阳光私募基金，其中，母信托对应一个信托证券账号，在券商证券交易系统中实现股票买卖交易；子信托则对应一个虚拟账号，子信托募集的资金，会在信托公司提供的虚拟交易系统中下达交易指令。

经典案例

重庆国际信托投资公司是经中国人民银行批准，于 1984 年 10 月成立的一家国有独资的非银行金融机构。2002 年 1 月，为了引入战略投资者，公司进行了增资改制，并进行了重新登记，注册资金由原来的 3500 万元增至 10. 3373 亿元。2010 年 11 月，经中国银行业监督管理委员会核准，公司注册资本又增至 24. 3873 亿元，公司股权由重庆国信投资控股有限公司绝对控股，并由多家机构投资者共同持股。

作为一家老牌的国有企业，重庆国际信托投资公司是一家地方的重点金融企业和西部最大的信托机构，公司围绕“立足重庆，放眼全国”的经营理念，秉承“诚信、稳健、创新、求精”的宗旨，成了中国最早发行伞形私募基金的公司。比如，公司早期发行的重庆信托·润丰系列证券投资集合资金信托计划，即是一种与投资者运用伞形信托的方式进行的有限合伙。

关于重庆信托·润丰系列证券投资集合资金信托计划的合作分工是：合作券商向潜在的次级客户，也就是有融资需求的客户进行润丰系列信托产品的推介、相关合同的解释、收费模式和标准的介绍等，以让客户对它有深入的了解和认识，然后确定是否有认购润丰系列信托产品的意愿。重庆国际信托投资公司负责润丰系列信托产品优先客户的开发和签约，并保证按照合作券商开发的次级客户资产规模，对应完成同比优先客户的配套开发工作。

根据规定，伞形信托下的子信托主要有以下几种情况：①各个子信托的资金运用于同一个企业，运用方式相同，信托期限与预计收益率也相同；②各个子信托的资金运用于不同的多个企业，每个企业的资金信托期限与预计收益率也不同；③每个子信托的资金运用方式不同，运用对象和期限可以相同，也可以不同。

润丰系列信托产品是一种结构化的产品，每一个信托产品的总规模在20亿元左右；初期与次级客户暂时只能按1∶1配置优先资产（即1∶1融资）。

合作券商的基础任务是次级客户的开发规模，如果合作券商如期顺利完成了一个信托产品的销售任务，信托公司才会考虑与该券商合作再发行一个相同的信托产品。

重庆信托·润丰系列证券投资集合资金信托计划即是一种伞形信托的有限合伙，就是在一个主信托账号之下，设置若干个独立的子信托，每一个子信托由次级与优先级客户构成，阳光私募或是炒股大户，可以通过认购其子信托成为次级客户，优先级客户主要来自银行的理财客户，双方一般按 1∶1 配资，次级客户需支付优先级固定收益和渠道信托费用，全部融资成本年化 11% 左右。

在这种伞形信托的有限合伙模式下，重庆国际信托投资公司顺利完成了润丰系列信托产品以及后来的各种信托产品的发行。

专业点评

1. 在国内，伞形信托合伙制，大多被用于基金与信托产品发行中，多在企业融资或投资者投资中出现，因此，投资者如果想参与这种合伙，应对产品有一个较深的认识。

2. 国内企业中，极少应用伞形合伙制，除了少数热门行业的企业。所以，没有太大的持续融资需求的企业，应当尽量回避这种合作方式，只要在合伙企业成立后，牢牢抓住企业的决策权即可。

2.3 企业与个人合伙制

2.3.1 一线员工合伙制

一线员工合伙制，是指企业为了讲求利益的最大化，就企业的某一项目与一线的员工实施合伙，以充分调动员工的积极性。因为一线员工是直接接触项目的人员，尤其是零售业企业，如果企业过于关注如何获取外部客户，就会忽略掉“内部客户”——一线员工，而这些一线员工每天都会直接面对企业的外部客户，他们比企业更了解客户的购买需求。因此，一线员工合伙制能充分调动员工的积极性，让他们成为老板，给自己打工。

知识链接

一线员工合伙制的优势

一线员工合伙制属于企业与个人就项目合伙经营的一种方式，因为在合伙项目中，员工既为具体经营者，又是这一项目的所有者，并且承担相应责任，享受相关利益，因此在经营活动中能够很好地做到自我约束、控制风险，并容易获得客户信任。企业因此减少了相应风险，提高了效益，员工也获得了激励，从而达到双赢的良性发展。

经典案例

永辉超市是一家连锁经营的零售业百货超市，成立于1998年，总部设在福建省福州市。它还成了上海证券交易所的上市公司。

随着网购快速兴起，年轻人的购物习惯正在由传统的实体店购物转变为网店购物，这种改变使得很多中大型超市零售业受到了很大冲击，不少实体连锁零售专卖店纷纷关闭，就连苏宁也被迫转型。永辉超市董事长张轩松在一次进店调研中发现，作为超市的一线员工，干着最累、最脏的活，每个月却只有2000多元的收入。这样的收入仅能满足个人的温饱，以致他们每天都是“当一天和尚撞一天钟”的状态，工作没有一点干劲。这在线下的实体零售店受到网店较大冲击的时代背景下，无疑是一个巨大的问题。

此外，另一个问题也是超市业所特有的。那就是在超市里，瓜果生鲜通常被摆放在进门的位置，其作用是通过颜色、品相等吸引消费者进店购物，从而引发他们的“非计划购买欲”。然而，这种理念实现的基础是：店内的生鲜必须特别漂亮，能让消费者停下来、走近、挑选，最后买下。

如果一线员工工作没有积极性，即使是再光鲜的蔬果，他们也会随手一丢，因为卖多卖少都与他们无关，这反而会使蔬果失去吸引力，甚至还会影响企业的店面形象。

为了解决这一问题，永辉超市必须进行体制改革。可如何改革又成了难题，如果实行涨工资制度，超市有6万多名员工，即使每人每月涨100元，超市一年就要多付出7000多万元。若这种工资的增长是短期的，100元对于员工来说，根本算不上什么，而如果长期实行这种机制，永辉超市自然无法承受。

为此，永辉超市副总裁翁海辉从增加员工收入、节约公司损耗成本、提升公司营运收入的目的出发，开始在永辉超市实行合伙制，也就是企业与一线员工合伙。通常，企业实行合伙制，往往是针对公司的创始人或技术骨干、高级员工，而永辉超市此次却是与一线员工合伙。

永辉超市这种与一线员工的合伙制，是在品类、柜台或部门达到公司设定的毛利额或利润额后，超出的收益由企业和员工按照一定的比例分成。其中，对于一些店铺，主要是精品店，甚至可能会出现无基础销售额的要求。因此，在分成比例方面，公司都会与员工沟通后协商决定，所以，有些项目甚至达到了五五开、四六开甚至三七开的分成比例。如此一来，以蔬果为例，在国内超市整体蔬果部分超过30%损耗率的情况下，永辉超市却只有4%～5%。

永辉超市在实行一线员工合伙制的同时，为了避免其成为一种短期行为，超市总部会每个月对这些“项目组”进行跟进与沟通，并每个季度都会进行分析和目标调整。而在这种一线员工合伙制下，永辉超市不仅在制度上实行与一线员工合伙，关于项目组人员的招聘与解雇等都由员工组的所有成员决定，因为所有的收益大家是共同分享的。

在这种一线员工合伙制下，2014年《财富》中国500强企业榜单中，共有零售企业31家，永辉超市最终以营收305.43亿元保持了领先的地位。

专业点评

1. 不是每一家企业都适合用一线员工合伙制，企业在采用合伙制度时，一定要根据自身的具体情况具体分析，看哪一种合伙制形式更适合本企业，则选用哪一种形式。

2. 企业与一线员工的合伙制，更适合那些直接面对消费者的零售业企业，因为这种合伙制能够充分调动一线员工的积极性。

2.3.2 专业买手股权激励

专业买手股权激励，是企业对与公司经营有一定关系的专业买手实施股权激励的方式，从而实现企业与专业买手之间的共赢。而所谓的专业买手，则是指企业供应链底端的代理人，他们往往具备商品运营的专业经验，能够让企业的商品始终具有生命活力，从而提高企业的销售额。企业通过股权激励的方式，与这些专业买手实现合伙，能够让企业得到长久的发展，并创造共同经营的双赢局面。

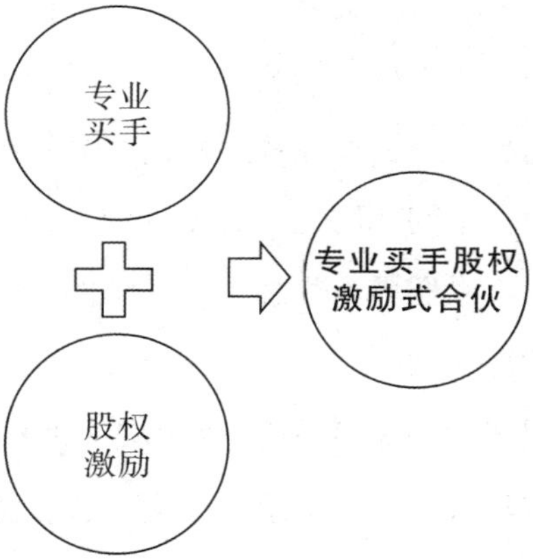

知识链接

什么是股权激励

股权激励，是指企业通过送给员工一部分公司的股权，使其能够以股东的身份参与企业的决策、承担风险和享受利润，从而激励员工更加勤勉尽责地为企业的长期发展服务。目前，股权激励的模式主要有：授予激励对象股票期权、股票增值权、限制性股票、业绩股票与虚拟股票等。

经典案例

在永辉超市的合伙制度中，除了与一线员工的合伙外，还有一种与专业买手的股权激励合伙制，这种合伙制是以股权激励的方式出现，但其主要用于跟生鲜相关的部分商品上。

永辉超市的专业买手，是指在永辉超市供应链底端的代理人。对于这些人而言，经过常年的探索，他们对于当地的菜品都非常熟悉。比如，什么时候收的菜能够保持更长时间的新鲜度。也许每年四五月份时，要在凌晨时收菜；到了六七月份时，就要赶在天亮前进行收菜；可到了八九月份时，则要在前一天晚上去收菜。这样才能让菜品保持更长时间的新鲜度。另外，不同种类的蔬菜在收割时间上也不尽相同。这些知识和经验都是永辉超市与那些专业买手们在多年的实践中得来的。并且，不同的蔬菜品种在不同地区也是有差别的。

另外，这些专业买手们更为熟悉当地村镇的情况，又对菜品的各种特征都非常熟悉，使得他们的工作很容易开展。而另一个事实是，这些买手们同时也很容易被其他相关的企业觊觎，以更高的薪水将他们挖走。因此，永辉超市与这些专业买手之间实行股权激励式的合伙，也是为了保证专业买手团队的稳定性。

正因为如此，永辉超市才不能以简单的合伙方式与他们合伙，而是通过合伙人制度对这些专业买手们实施股权激励，让他们手中拥有一定数量的公司股票，从而成为与永辉超市同发展共存亡的合伙人。这样，在留住这些专业买手的同时，也激发了他们的主观能动性，使永辉超市的整体业绩得到大幅提升。

专业买手股权激励看似是永辉超市在合伙制基础上独创的，但事实上，这种合伙体制并非其独有，因为从产业链的角度来讲，很多其他企业都有过这种方式，只不过在表现形式上，以前的企业大多在战略上根据自身的需求，从产业链的角度出发，选择了向上游产业的并购重组，而永辉超市采用了与上游环节的供应商合伙。

与此同时，永辉超市还与当地的农户建立了一种类合伙人制度的合作，跟农户签订了合作协议。多年来的成功实践，让这些农户成为了永辉超市的忠实合作伙伴。这些都是它在蔬果经营方面的核心竞争力，使其一举超越了众多同行业的企业。

专业点评

1. 专业买手股权激励不一定适合各种企业，只有那些产业链上游与本企业的商品生产或流通有着密切相关度的企业，才适合采用这种合作制度。

2. 在与个人合作中，企业只有充分了解了对方各方面情况后，才能更好地与其建立一种更适合双方的合伙制度，以实现最终的双赢。

第三章

合伙协议

——合伙企业经营中的护航神器

合伙企业没有法人资格，这就决定了在合伙企业中，合伙协议成了合伙企业的行动纲领，同时也是合伙人在合力经营企业时的护航神器。因此，创业者在成立合伙企业时，应当了解什么是合伙协议；如何签订合伙协议；有哪些问题是要引起注意的。这样，合伙协议才能够真正成为为合伙企业保驾护航的『法律』！

3.1 合伙协议的定义

3.1.1 什么是合伙协议

合伙协议，是指依法由全体合伙人协商一致后，以书面形式订立的合伙企业契约。在合伙制中，尤其是个人合伙制里，合伙协议起着关键性的作用，它不仅是合伙人共同成立合伙企业的一种约定，也是合伙人在合伙企业成立后的一种权利的保障与责任的相互约定，因此在成立合伙企业时，它是不可缺少的要素。一旦合伙人之间出现了矛盾或纠纷，都要以这份合伙协议为依据。

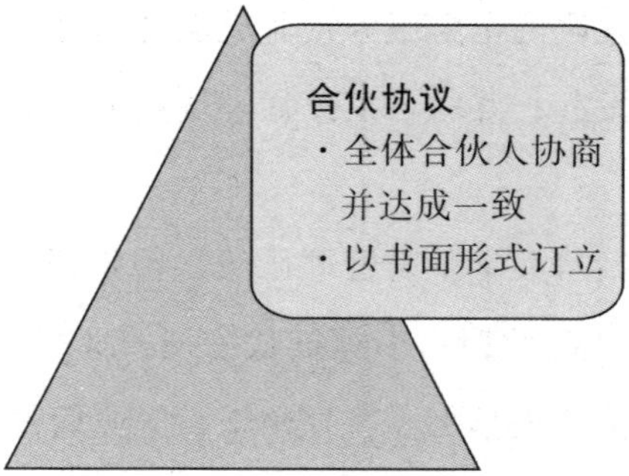

知识链接

个人合伙中签订合伙协议应当注意哪些细节

(1) 个人合伙时，可以为合伙企业起字号，依法经核准登记，并且合伙人应当在核准登记的经营范围内从事经营。合伙人在签订合伙协议时，应当对出资数额、债务承担、盈余分配、入伙、退伙、合伙终止等事项，订立书面协议。

（2）个人合伙的经营活动，由合伙人共同决定，每一个合伙人都有执行或监督的权利。合伙人可以推举相关的负责人，但合伙企业负责人与其他人员的经营活动，由全体合伙人承担民事责任。合伙企业的债务，由合伙人按照出资的比例或协议的约定，以各自的财产承担清偿责任。合伙人对合伙企业的债务，承担连带责任（法律上另有规定的除外）。作为其中之一的合伙人，在偿还合伙企业的债务时，如果债务超过了自己应当承担的数额，有权向其他合伙人追偿。

经典案例

深圳达人贷互联网金融服务企业创办于 2013 年 12 月 27 日，是一家专门从事互联网金融服务业务的有限合伙制企业，同时也是中国第一家有限合伙制的互联网金融服务企业。

从深圳达人贷互联网金融服务企业成立时的合伙人看，由深圳达人资本控股有限公司发起，并联合了孙猛、贺克艳、仇连勇、赵鉴等人一起合伙。

其中，孙猛为清华大学工商管理硕士，曾担任过力劲集团（香港）的投资发展总监、CEO 助理、小额贷款公司 CEO 等职位；仇连勇是孙猛的同学，同样为清华大学工商管理硕士，毕业后曾在某央企国际合作与发展部任总监，并在西门子、施耐德、霍尼韦尔等多家世界 500 强企业担任过高级经理，对企业的战略发展、市场营销、品牌推广、投资并购有着自己独到的见解和经验；贺克艳为复旦大学金融学硕士，有着 10 年的金融业从业经验，曾就职于某商业银行深圳分行，具备银行、证券、保险和基金等从业资格；赵鉴为中山大学的金融学学士，具备银行、证券、基金、黄金交易员等从业资格。

在决定成立深圳达人贷互联网金融服务企业这一有限合伙企业时，经过合伙人商量，最终达成了一致结果，决定由孙猛担任合伙企业的CEO，仇连勇任副总裁，贺克艳任风控总监，赵鉴任产品总监。并且，在所有合伙人达成一致后，他们还签订了书面协议。

于是，企业成立后，他们几个合伙人便按照当初的协议，开始具体实施工作分工，并全力运营。他们还首创了客户资金第三方托管与风险金第三方托管的“全托管模式”，使企业业务包括了互联网金融、融资租赁、融资性担保，以及私募基金等，从而实现了企业的良好运营与发展。

专业点评

合伙人在签订合伙协议时，必须在所有合伙人都达成统一的意见后，方可签订书面协议。但凡有一名合伙人不同意，其他合伙人共同签订的合伙协议都是无效的，不受法律保护，因此，必须是所有合伙人达成一致意见后，方可以签订合伙协议。

3.1.2 合伙协议的特点

因合伙协议是在所有合伙人同意的条件下签订的，而且协议上必须充分体现合法的形式与内容，所以合伙协议上必须体现出这些特点：

（1）必须所有合伙人都出面签订合伙协议。

由于合伙协议是成立合伙企业的基础，由合伙人共同签订，因此，协议上必须有所有合伙人的签名，即使某个合伙人留有不同的个人意见，若在合伙协议上签了字，也等同于同意了合伙内容。

（2）大多体现出全体合伙人共同出资、共同经营的具体特征。

出资是合伙人取得合伙资格的前提，因此，尽管合伙制企业中合伙人出资的形式较多，比公司制企业灵活，但也要注明合伙人的具体出资情况，如现金、实物、土地使用权与知识产权，或是劳务、技术、管理经验、商业信誉等，只要能够得到其他合伙人的同意即可。其次，合伙人必须共同从事经营活动，以彼此的合伙经营为职业，除非在合伙协议中另有注明。最后，合伙人合伙的目的是为了营利，特别是依据合伙企业法成立的合伙企业，所以，在合伙协议上往往会体现出关于合伙企业的盈亏处理方式。

（3）大多体现出共负盈亏、共担风险、承担无限连带责任的具体特征。

这是合伙制企业与公司制企业的主要区别之一，因此，合伙协议中往往会出现共负盈亏、共担风险的具体内容。至于承担无限连带责任，不管各个合伙人在协议中约定的出资比例如何，任何一个合伙人都有义务清偿合伙企业的全部合伙债务，也就是要承担无限连带责任。

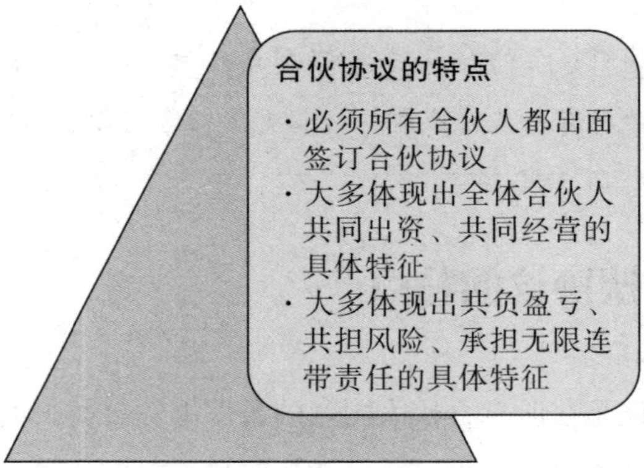

知识链接

合伙人的权利和义务有哪些

合伙企业成立后，合伙人的权利有：

（1）合伙企业的经营权、监督权和决定权，合伙企业的经营活动由所有合伙人共同决定，不管合伙人出资多少，每个人都享有表决权。

(2) 当合伙人在分配合伙利益时，应当以出资额的比例或合伙协议中的约定进行，合伙企业经营积累的财产，归所有合伙人共有。

(3) 合伙人享有合伙利益的分配权。

(4) 合伙人有退伙的权利。

合伙企业成立后，合伙人的义务有：

(1) 按照合伙协议的约定，维护合伙企业财产的统一。

(2) 合伙人对合伙企业的债务，承担无限连带责任。

(3) 合伙人要分担合伙企业在经营中出现的损失和债务。

经典案例

世纪佳缘是龚海燕在复旦大学新闻学院读研二时，即 2003 年 10 月 8 日创办的。其最初创办这个网站的目的，是因为看到身边许多拥有高学历的同学和朋友，由于整天忙于工作或学习而找不到理想的对象，于是龚海燕成立了世纪佳缘，以帮助他们找到理想的对象。

在世纪佳缘成立之初，龚海燕只拿出了自己平时积攒的 1000 元，请人制作了一个简单的网页，然后开始让身边的同学或朋友帮她发资料。但是，随着网站会员的增多，小小网站不能满足会员交友需求。于是 2004 年 2 月 15 日，在众多会员的要求下，龚海燕成功在北京和上海两地同时举办了从线上到线下的交友见面会，净赚 1 万多元。同年，兴奋不已的她注册成立了上海花千树信息科技有限公司。

这一公司属于龚海燕个人注册的，但随着网站会员的不断增加，她越来越感觉到力不从心，不仅花光了自己所有的积蓄，甚至连丈夫的钱也都投了进去。与此同时，龚海燕的工作时间也越来越长，从最初的 8 小时到后来的 12 小时，再后来就经常熬夜工作，为了这个网站，她整整瘦了 28 斤，这些都使得她产生了放弃的念头。

2005 年 5 月的一天，龚海燕收到了一封来自“老钱”的电子邮件。这个“老钱”，就是新东方的副校长钱永强。“老钱”在电邮中说，他认为世纪佳缘很有发展前途，希望龚海燕能够专心做好这个网站。

继续经营网站需要钱，龚海燕深知这一点，但“老钱”更清楚，所以几天后，他专程从北京飞到了上海，在上海金茂大厦54楼的咖啡厅里，“老钱”和龚海燕整整谈了1个小时。这次交谈，2个人只就未来的定位、发展交换了意见，并没有签订什么协议，然而“老钱”回到北京后，却立即给龚海燕的世纪佳缘汇了200万元的资金。

然而，这仅仅是一个开始。随后，新东方的“老钱”又与徐小平、王强一起，3个人一共向世纪佳缘投资了4000万元的天使投资。在这些合伙人的首肯下，龚海燕还接受了风投公司启明创投的1000万美元风险投资。正是这些资金，令世纪佳缘得到了快速的发展，并于2011年5月11日在纳斯达克交易所成功上市。

当然，在最初，“老钱”将200万元打给世纪佳缘时，尽管双方并未签订什么协议，但双方此时其实已构成了一种合伙经营，并且属于资金与技术的合伙；而其后，天使投资与启明创投的大笔资金介入，双方均与世纪佳缘签订了合伙协议，是典型的资金与技术的合伙，尽管他们并未与世纪佳缘成立合伙企业。不过，在他们与世纪佳缘的合伙协议中，均约定了彼此合伙的内容，包括相关的分红和承担的责任，以及网站运营中仍由龚海燕执行等事宜。

专业点评

1. 双方在合伙的过程中，不管是否订立了书面合作协议，只要合伙人之间达成了一致，并形成了出资关系，就可视为合伙经营。

2. 当有新的合伙人加入时，即使当时企业非合伙企业，而是以公司制的形式出现，也应当获得之前的股东同意，公司方能与其他合伙人签订合伙协议。

3.2 合同范本

3.2.1 普通合伙协议合同范本

普通合伙协议是由普通合伙人共同签订的合伙协议，必须根据规定，在一定的框架下填写相关的协议内容。以下内容为普通合伙协议的合同范本。

第一章 总则

第一条 根据《中华人民共和国合伙企业法》（以下简称《合伙企业法》）及有关法律、行政法规、规章的有关规定，经协商一致订立本协议。

第二条 本企业为普通合伙企业，是根据协议自愿组成的共同经营体。全体合伙人愿意遵守国家有关的法律、行政法规、规章，依法纳税，守法经营。

第三条 本协议条款与法律、行政法规、规章不符的，以法律、行政法规、规章的规定为准。

第四条 本协议经全体合伙人签名（盖章）后生效。合伙人按照合伙协议享有权利，履行义务。

第二章 合伙企业的名称和主要经营场所的地点

第五条 合伙企业名称：________________

第六条 主要经营场所地点：________________

第三章 合伙目的和合伙经营范围（及合伙期限）

第七条 合伙目的：为了保护全体合伙人的合伙权益，使本合伙企

业取得最佳经济效益。(注：可根据实际情况，另行描述)

第八条　合伙经营范围：____________。

(注：参照《国民经济行业分类》国家标准具体填写。合伙经营范围用语不规范的，应根据企业登记机关的规定加以规范、改正，并报请企业登记机关核准。合伙经营范围变更时依法向企业登记机关办理变更登记)

第××条　合伙期限为××年。

(注：合伙协议约定合伙期限的，增加本条)

第四章　合伙人的姓名或者名称、住所

第九条　合伙人共________个，分别是：

1. 姓名(或名称)：________________________，住所(址)：________________________，证件类型：________________，证件号码：__________________；

2. 姓名(或名称)：________________________，住所(址)：________________________，证件类型：________________，证件号码：__________________；

(注：可续写)

以上合伙人为自然人的，都具有完全民事行为能力。

第五章　合伙人的出资方式、数额和缴付期限

第十条　合伙人的出资方式、数额和缴付期限：

1. 合伙人：____________。

以货币出资________万元，以________(实物、知识产权、土地使用权、劳务或其他非货币财产权利，根据实际情况选择)作价出资________万元，总认缴出资________万元，占注册资本的________%。

首期实缴出资________万元，在申请合伙企业设立登记前缴纳，其余认缴出资在领取营业执照之日起________个月内缴足。

2. 合伙人：____________。

以货币出资 ________万元，以________（实物、知识产权、土地使用权、劳务或其他非货币财产权利，根据实际情况选择）作价出资________万元，总认缴出资________万元，占注册资本的________%。

首期实缴出资________万元，在申请合伙企业设立登记前缴纳，其余认缴出资在领取营业执照之日起________个月内缴足。

（注：可续写。以非货币财产出资的，依照法律、行政法规的规定，需要办理财产权转移手续的，应当依法办理）

第六章 利润分配、亏损分担方式

第十一条 合伙企业的利润分配，按如下方式分配：

____

第十二条 合伙企业的亏损分担，按如下方式分担：

____

（注：不得约定将全部利润分配给部分合伙人或由部分合伙人承担全部亏损。合伙协议未约定或者约定不明确时，由合伙人协商决定；协商不成时，由合伙人按照实缴出资比例分配、分担；无法确定出资比例时，由合伙人平均分配、分担）

第七章 合伙事务的执行

第十三条 合伙人对执行合伙事务享有同等的权利。

经全体合伙人决定（注：也可依据《合伙企业法》第二十六条的规定，在本条约定其他决定方式，例如“经三分之二以上合伙人决定”），委托××（列出所委托合伙人）执行合伙事务；其中法人合伙人××委派××、其他组织合伙人××委派××（注：可根据实际续写，如无非自然人合伙人，此内容删去）代表其执行合伙事务，其他合伙人不再执行合伙事务（注：如果全体合伙人都执行合伙事务，此内容删除）。执行合伙事务的合伙人对外代表企业。

第十四条 不执行合伙事务的合伙人，有权监督执行事务合伙人执行合伙事务的情况。执行事务合伙人应当定期向其他合伙人报告事务执行情况以及合伙企业的经营和财务状况，其执行合伙事务所产生的收益归合伙企业，所产生的费用和亏损由合伙企业承担。

第十五条　合伙人分别执行合伙事务的，执行事务合伙人可对其他合伙人执行的事务提出异议。提出异议时，暂停该事务的执行。如果发生争议，依照本协议第十六条的规定做出表决。受委托执行合伙事务的合伙人，不按照合伙协议的决定执行事务的，其他合伙人可以决定撤销该委托。

第十六条　合伙人对合伙企业有关事项做出决议，实行合伙人一人一票并经全体合伙人过半数通过的表决办法。

（注：也可依据《合伙企业法》第三十条的规定在本条约定其他表决办法）

第十七条　合伙企业的下列事项应当经全体合伙人一致同意（注：也可依据《合伙企业法》第三十一条的规定，在本条约定其他同意方式，例如约定下列全部或某一事项“应当经三分之二以上合伙人同意”或“经全体合伙事务执行人一致同意”等）：

（一）改变合伙企业的名称；

（二）改变合伙企业的经营范围、主要经营场所的地点；

（三）处分合伙企业的不动产；

（四）转让或者处分合伙企业的知识产权和其他财产权利；

（五）以合伙企业名义为他人提供担保；

（六）聘任合伙人以外的人担任合伙企业的经营管理人员。

第十八条　合伙人不得自营或者同他人合作经营与本合伙企业相竞争的业务。除经全体合伙人一致同意（注：也可依据《合伙企业法》第三十二条的规定，在本条约定其他同意方式）外，合伙人不得同本合伙企业进行交易。

第十九条　合伙人经全体合伙人决定，可以增加或者减少对合伙企业的出资。（注：也可依据《合伙企业法》第三十四条的规定，在本条

约定合伙人是否可以增加或减少对合伙企业的出资；如果可以，也可约定其他决定方式）

第八章 入伙与退伙

第二十条 新合伙人入伙，经全体合伙人一致同意（注：也可依据《合伙企业法》第四十三条的规定，在本条约定其他同意方式），依法签订书面入伙协议。订立入伙协议时，原合伙人应当向新合伙人如实告知原合伙企业的经营状况和财务状况。入伙的新合伙人与原合伙人享有同等权利，承担同等责任（注：也可依据《合伙企业法》第四十四条的规定，在本条约定新合伙人的其他权利和责任）。新合伙人对入伙前合伙企业的债务承担无限连带责任。

第二十一条 有《合伙企业法》第四十五条规定的情形之一的，合伙人可以退伙。（注：合伙协议约定合伙期限的，保留这条；否则删除）

合伙人在不给合伙企业事务执行造成不利影响的情况下，可以退伙，但应当提前三十日通知其他合伙人。（注：合伙协议未约定合伙期限的，保留这条；否则删除）

合伙人违反《合伙企业法》第四十五条或第四十六条规定退伙的，应当赔偿由此给合伙企业造成的损失。

第二十二条 合伙人有《合伙企业法》第四十八条规定的情形之一的，应当退伙。

合伙人被依法认定为无民事行为能力人或者限制民事行为能力人的，经其他合伙人一致同意，可以依法转为有限合伙人，普通合伙企业依法转为有限合伙企业；若其他合伙人未能达成一致同意，则该无民事行为能力或者限制民事行为能力的合伙人不得退伙。

退伙事由以实际发生之日为退伙生效日。

第二十三条 合伙人有《合伙企业法》第四十九条规定的情形之一的，经其他合伙人一致同意，可以决议将其除名。

对合伙人的除名决议应当书面通知被除名人。被除名人接到除名通知之日起，除名生效，被除名人退伙。被除名人对除名决议有异议的，可在接到除名通知之日起三十日内，向人民法院起诉。

第二十四条　合伙人死亡或者被依法宣告死亡的，对该合伙人在合伙企业中的财产份额享有合法继承权的继承人，经全体合伙人一致同意（注：也可依据《合伙企业法》第五十条的规定，在本条约定其他同意方式），从继承开始之日起，取得本合伙企业的合伙人资格。

有《合伙企业法》第五十条规定的情形之一，合伙企业应当向合伙人的继承人退还被继承合伙人的财产份额。

合伙人的继承人为无民事行为能力人或者限制民事行为能力人的，经全体合伙人一致同意，可以依法成为有限合伙人，普通合伙企业依法转为有限合伙企业。若全体合伙人未能达成一致同意，合伙企业应当将被继承合伙人的财产份额退还该继承人。经全体合伙人决定，可以退还货币，也可以退还实物（注：也可依据《合伙企业法》第五十二条的规定，在本条约定其他退还办法）。

第二十五条　退伙人对基于其退伙前的原因发生的合伙企业债务，承担无限连带责任。合伙人退伙时，合伙企业财产少于合伙企业债务的，退伙人应当依照本协议第十二条的规定分担亏损。

第九章　争议解决办法

第二十六条　合伙人履行合伙协议发生争议的，合伙人可通过协商或者调解解决。不愿通过协商、调解解决或协商、调解不成的，可按照合伙协议约定的仲裁条款或事后达成的书面仲裁协议，向仲裁机构申请仲裁。合伙协议中未订立仲裁条款，事后又没有达成书面仲裁协议的，可以向人民法院起诉。

第十章　合伙企业的解散与清算

第二十七条　合伙企业有下列情形之一的，应当解散：

（一）合伙期限届满，合伙人决定不再经营；

（二）合伙协议约定的解散事由出现；

（三）全体合伙人决定解散；

（四）合伙人已不具备法定人数满三十天；

（五）合伙协议约定的合伙目的已经实现或无法实现；

（六）合伙企业被依法吊销营业执照、责令关闭或者撤销；

（七）法律、行政法规规定的其他原因。

第二十八条 合伙企业清算办法应当按《合伙企业法》的规定进行清算。

清算期间，合伙企业存续，不得开展与清算无关的经营活动。

合伙企业在支付了清算费用和职工工资、社会保险费用、法定补偿金以及缴纳完所欠税款、清偿债务后的剩余财产，依照本协议第十一条的规定进行分配。

第二十九条 清算结束后，清算人应当编制清算报告，经全体合伙人签名、盖章后，在十五日内向企业登记机关报送清算报告，申请办理合伙企业注销登记。

第十一章 违约责任

第三十条 合伙人违反合伙协议的，应当依法承担违约责任。

第十二章 其他事项

第三十一条 经全体合伙人协商一致（注：也可根据《合伙企业法》第十九条第二款另行约定），可以修改或者补充合伙协议。

第三十二条 本协议一式______份，合伙人各持一份，并报送企业登记机关一份。（注：此条供合伙人参考，设立合伙企业必须依法向企业登记机关提交合伙协议）

本协议未尽事宜，按国家有关规定执行。

全体合伙人签名（盖章）：

（注：可选择。合伙人为自然人的应签名，合伙人为法人、其他组织的应加盖公章）

______年______月______日

知识链接

签订普通合伙协议时应注意哪些细节

(1) 要明确合伙的性质，即注明合伙为普通合伙。

(2) 不能在协议中约定将全部利润分配给部分合伙人，或是由部分合伙人承担全部亏损。

(3) 协议上应注明合伙企业成立后，企业事务的执行、利润分配方式、债务清偿方式、入伙与退伙等问题。

(4) 可以在协议中约定，合伙人能向外转让合伙份额而无须其他合伙人一致同意。如果没有约定的，则将默认为必须由其他合伙人一致同意方可。

(5) 不能在合伙协议中变更合伙人应承担无限连带责任的法律规定。

专业点评

1. 在签订合伙协议时，协议约定的内容必须确保不能与国家法律、法规相违背，因此，合伙人签订合伙协议时，最好请相关律师把关，并在签订后予以公证。

2. 特殊普通合伙协议在签订时，应当注明合伙人应承担的具体责任。

3.2.2 有限合伙协议合同范本

有限合伙企业虽然与普通合伙企业有所不同，但同样需要按照规定的格式，在一定的框架下予以签订有限合伙协议。以下内容为有限合伙协议的合同范本。

第一章　总则

第一条　根据《中华人民共和国合伙企业法》（以下简称《合伙企业法》）及有关法律、行政法规、规章的有关规定，经协商一致订立本协议。

第二条　本企业为有限合伙企业，是根据协议自愿组成的共同经营体。全体合伙人愿意遵守国家有关的法律、行政法规、规章，依法纳税，守法经营。

第三条　本协议条款与法律、行政法规、规章不符的，以法律、行政法规、规章的规定为准。

第四条　本协议经全体合伙人签名（盖章）后生效。合伙人按照合伙协议享有权利，履行义务。

第二章　合伙企业的名称和主要经营场所的地点

第五条　合伙企业名称：____________________________

第六条　主要经营场所地点：________________________

第三章　合伙目的和合伙经营范围（及合伙期限）

第七条　合伙目的：为了保护全体合伙人的合伙权益，使本合伙企业取得最佳经济效益。（注：可根据实际情况，另行描述）

第八条　合伙经营范围：__________。

（注：参照《国民经济行业分类》国家标准具体填写。合伙经营范围用语不规范的，应当按照企业登记机关的相关规定予以规范、改正，并报请企业登记机关核准。合伙经营范围变更时依法向企业登记机关办理变更登记）

第××条　合伙期限为××年。

（注：合伙协议约定合伙期限的，增加本条）

第四章　合伙人的姓名或者名称、住所

第九条　合伙人共________个，分别是：

1. 普通合伙人/有限合伙人（注：选择其中之一）：__________

住所（址）：______________________________

证件类型：______________________________

证件号码：______________________________

2．普通合伙人/有限合伙人（注：选择其中之一）：__________

住所（址）：______________________________

证件类型：______________________________

证件号码：______________________________

（注：可续写。有限合伙企业由二个以上五十个以下合伙人设立，但是，法律另有规定的除外。有限合伙企业至少应当有一个普通合伙人）

以上普通合伙人为自然人的，都具有完全民事行为能力。

第五章　合伙人的出资方式、数额和缴付期限

第十条　合伙人的出资方式、数额和缴付期限：

1．普通合伙人：__________

以货币出资__________万元，以__________（实物、知识产权、土地使用权、劳务或其它非货币财产权利，根据实际情况选择）作价出资__________万元，总认缴出资__________万元，占注册资本的__________%。

首期实缴出资__________万元，在申请合伙企业设立登记前缴纳，其余认缴出资在领取营业执照之日起__________个月内缴足。

……

××．有限合伙人：__________

以货币出资__________万元，以__________（实物、知识产权、土地使用权或其它非货币财产权利，根据实际情况选择）作价出资__________万元，总认缴出资__________万元，占注册资本的__________%。

首期实缴出资__________万元，在申请合伙企业设立登记前缴纳，其余认缴出资在领取营业执照之日起＿＿＿＿＿＿个月内缴足。

（注：可续写。以非货币财产出资的，依照法律、行政法规的规定，需要办理财产权转移手续的，应当依法办理。有限合伙人不得以劳务出资）

第六章　利润分配、亏损分担方式

第十一条　合伙企业的利润分配，按如下方式分配：

＿＿＿＿＿＿＿＿＿＿＿＿＿＿＿＿＿＿＿＿＿＿＿＿＿＿＿＿＿＿

第十二条　合伙企业的亏损分担，按如下方式分担：

＿＿＿＿＿＿＿＿＿＿＿＿＿＿＿＿＿＿＿＿＿＿＿＿＿＿＿＿＿＿

（注：不得约定将全部利润分配给部分合伙人或者由部分合伙人承担全部亏损。合伙协议未约定或者约定不明确时，由合伙人协商决定；协商不成时，由合伙人按照实缴出资比例分配、分担；无法确定出资比例时，由合伙人平均分配、分担）

第七章　合伙事务的执行

第十三条　有限合伙企业由普通合伙人执行合伙事务。执行事务合伙人应具备如下条件：＿＿＿＿＿＿，并按如下程序选择产生：

经全体合伙人决定（注：也可依据《合伙企业法》第二十六条的规定，在本条约定其它决定方式，例如“经三分之二以上合伙人决定”），委托××（列出所委托合伙人）执行合伙事务；其中法人合伙人××委派××、其他组织合伙人××委派××（注：可根据实际续写，如无非自然人合伙人，此内容删去）代表其执行合伙事务，其他合伙人不再执行合伙事务。执行合伙事务的合伙人对外代表企业。

第十四条　不执行合伙事务的合伙人，有权监督执行事务合伙人执行合伙事务的情况。执行事务合伙人应当定期向其他合伙人报告事务执行情况以及合伙企业的经营和财务状况，其执行合伙事务所产生的收益归合伙企业，所产生的费用和亏损由合伙企业承担。

第十五条　合伙人分别执行合伙事务的，执行事务合伙人可对其他合伙人执行的事务提出异议。提出异议时，暂停该事务的执行。如果发生争议，依照本协议第十六条的规定作出表决。受委托执行合伙事务的合伙人，不按照合伙协议的决定执行事务的，其他合伙人可以决定撤销该委托。

执行事务合伙人的除名条件为：____________________

执行事务合伙人的更换程序为：____________________

第十六条　合伙人对合伙企业有关事项做出决议，实行合伙人一人一票并经全体合伙人过半数通过的表决办法。

（注：也可依据《合伙企业法》第三十条的规定在本条约定其它的表决办法）

第十七条　合伙企业的下列事项应当经全体合伙人一致同意：（注：也可依据《合伙企业法》第三十一条的规定，在本条约定其它同意方式，例如约定下列全部或某一事项“应当经三分之二以上合伙人同意”或“经全体合伙事务执行人一致同意”等）

（一）改变合伙企业的名称；

（二）改变合伙企业的经营范围、主要经营场所的地点；

（三）处分合伙企业的不动产；

（四）转让或者处分合伙企业的知识产权和其他财产权利；

（五）以合伙企业名义为他人提供担保；

（六）聘任合伙人以外的人担任合伙企业的经营管理人员。

第十八条　普通合伙人不得自营或者同他人合作经营与本有限合伙企业相竞争的业务；有限合伙人可以自营或者同他人合作经营与本有限合伙企业相竞争的业务（也可依据《合伙企业法》第七十一条的规定，在本条约定其它情形）。

除经全体合伙人一致同意（注：也可依据《合伙企业法》第三十二条的规定，在本条约定其它同意方式）外，合伙人不得同本合伙企业进行交易。有限合伙人可以同本有限合伙企业进行交易（也可依据

《合伙企业法》第七十条的规定，在本条约定其它情形）。

第十九条 合伙人经全体合伙人决定，可以增加或者减少对合伙企业的出资。（注：也可依据《合伙企业法》第三十四条的规定，在本条约定其它决定方式）

第二十条 有限合伙人不执行合伙事务，不得对外代表有限合伙企业，有《合伙企业法》第六十八条规定的行为，不视为执行合伙事务。

第八章 入伙与退伙

第二十一条 新合伙人入伙，经全体合伙人一致同意（注：也可依据《合伙企业法》第四十三条的规定，在本条约定其他同意方式），依法签订书面入伙协议。订立入伙协议时，原合伙人应当向新合伙人如实告知原合伙企业的经营状况和财务状况。入伙的新合伙人与原合伙人享有同等权利，承担同等责任（注：也可依据《合伙企业法》第四十四条的规定，在本条约定新合伙人的其他权利和责任）。新普通合伙人对入伙前合伙企业的债务承担无限连带责任；新入伙的有限合伙人对入伙前有限合伙企业的债务，以其认缴的出资额为限承担责任。

第二十二条 有《合伙企业法》第四十五条规定的情形之一的，合伙人可以退伙。（注：合伙协议约定合伙期限的，保留这条；否则删除）

合伙人在不给合伙企业事务执行造成不利影响的情况下，可以退伙，但应当提前三十日通知其他合伙人。（注：合伙协议未约定合伙期限的，保留这条；否则删除）

合伙人违反《合伙企业法》第四十五条或第四十六条规定退伙的，应当赔偿由此给合伙企业造成的损失。

第二十三条 普通合伙人有《合伙企业法》第四十八条规定的情形之一的，以及有限合伙人有《合伙企业法》第四十八条第一款第一项、第三项、第四项、第五项所列情形之一的，应当退伙。

普通合伙人被依法认定为无民事行为能力人或限制民事行为能力人的，经其他合伙人一致同意，可以依法转为有限合伙人；若其他合伙人未能达成一致同意，则该无民事行为能力或者限制民事行为能力的普通合伙人不得退伙。

退伙事由以实际发生之日为退伙生效日。

第二十四条　合伙人有《合伙企业法》第四十九条规定的情形之一的，经其他合伙人一致同意，可以决议将其除名。

对合伙人的除名决议应当书面通知被除名人。被除名人接到除名通知之日，除名生效，被除名人退伙。被除名人对除名决议有异议的，可在接到除名通知之日起三十日内，向人民法院起诉。

第二十五条　普通合伙人死亡或者被依法宣告死亡的，对该合伙人在合伙企业中的财产份额享有合法继承权的继承人，经全体合伙人一致同意（注：也可依据《合伙企业法》第五十条的规定，在本条约定其他同意方式），从继承开始之日起，取得本合伙企业的合伙人资格。作为有限合伙人的自然人死亡、被依法宣告死亡或作为有限合伙人的法人及其他组织终止时，其继承人或权利承受人可依法取得该有限合伙人在本合伙企业中的合伙人资格。

有《合伙企业法》第五十条规定的情形之一，合伙企业应当向合伙人的继承人退还被继承合伙人的财产份额。

普通合伙人的继承人为无民事行为能力人或者限制民事行为能力人的，经全体合伙人一致同意，可以依法成为有限合伙人。若全体合伙人未能达成一致同意，合伙企业应当将被继承合伙人的财产份额退还该继承人。经全体合伙人决定，可以退还货币，也可以退还实物（注：也可依据《合伙企业法》第五十二条的规定，在本条约定其他退还办法）。

第二十六条　普通合伙人退伙后，对基于其退伙前的原因发生的合伙企业债务，承担无限连带责任；退伙时，合伙企业财产少于合伙企业债务的，该退伙人应当依照本协议第十二条的规定分担亏损。有限合伙人退伙后，对基于其退伙前的原因发生的有限合伙企业债务，以其退伙时从有限合伙企业中取回的财产承担责任。

第二十七条　经全体合伙人一致同意（注：也可依据《合伙企业法》第八十二条的规定，在本条约定其他同意方式），普通合伙人可转变为有限合伙人，或有限合伙人可转变为普通合伙人。

有限合伙人转变为普通合伙人的，对其作为有限合伙人期间有限合伙企业发生的债务承担无限连带责任。普通合伙人转变为有限合伙人的，对其作为普通合伙人期间合伙企业发生的债务承担无限连带责任。

第九章　争议解决办法

第二十八条　合伙人履行合伙协议发生争议的，合伙人可通过协商或者调解解决。不愿通过协商、调解解决或协商、调解不成的，可按照合伙协议约定的仲裁条款或者事后达成的书面仲裁协议，向仲裁机构申请仲裁。合伙协议中未订立仲裁条款，事后又没有达成书面仲裁协议的，可以向人民法院起诉。

第十章　合伙企业的解散与清算

第二十九条　合伙企业有下列情形之一的，应当解散：

（一）合伙期限届满，合伙人决定不再经营；

（二）合伙协议约定的解散事由出现；

（三）全体合伙人决定解散；

（四）合伙人已不具备法定人数满三十天；

（五）合伙协议约定的合伙目的已经实现或者无法实现；

（六）合伙企业被依法吊销营业执照、责令关闭或者撤销；

（七）法律、行政法规规定的其他原因。

第三十条　合伙企业清算办法应当按《合伙企业法》的规定进行清算。

清算期间，合伙企业存续，不得开展与清算无关的经营活动。

合伙企业在支付了清算费用和职工工资、社会保险费用、法定补偿金以及缴纳完所欠税款、清偿债务后的剩余财产，依照本协议第十一条的规定进行分配。

第三十一条　清算结束后，清算人应当编制清算报告，经全体合伙人签名、盖章后，在十五日内向企业登记机关报送清算报告，申请办理合伙企业注销登记。

第十一章　违约责任

第三十二条　合伙人违反合伙协议的，应当依法承担违约责任。

第十二章　其他事项

第三十三条　经全体合伙人协商一致（注：也可根据《合伙企业法》第十九条第二款另行约定)，可以修改或者补充合伙协议。

第三十四条　本协议一式______份，合伙人各持一份，并报送企业登记机关一份。(注：此条供合伙人参考，设立合伙企业必须依法向企业登记机关提交合伙协议)

本协议未尽事宜，按国家有关规定执行。

全体合伙人签名（盖章)：(注：可选择。合伙人为自然人的应签名，为法人、其他组织的应加盖公章)

______年______月______日

知识链接

签订有限合伙协议时应注意哪些问题

(1) 必须确保合伙协议中有一个以上的普通合伙人。

(2) 合伙人如为法人或其他组织的，应当在签订合伙协议时加盖公章。

(3) 不能在合伙协议中约定普通合伙人与有限合伙人承担相同的有限责任。

（4）在出资方面，应当标示“普通合伙人”与“有限合伙人”等字样，以示区分。

专业点评

1. 在签订有限合伙协议时，以必须确保其中有一位以上的普通合伙人，否则不能将协议视为有限合伙协议。即便在有限合伙企业发展过程中，有部分普通合伙人变为了有限合伙人，也应当确保合伙人中至少有一个普通合伙人存在。

2. 在签订有限合伙协议时，内容应当在国家法律、法规允许的范围内。

3.3 签订合伙协议时应注意的问题

3.3.1 明确合伙性质

明确合伙性质，是指合伙人签订合伙协议时，应当确定将要成立的合伙企业是属于普通合伙企业，还是有限合伙企业，或是特殊普通合伙企业，然后按照相关的合伙性质去签订合伙协议。因此，创业者在创办合伙企业时，应当首先明确，自己想要成立一家什么性质的合伙企业，再去具体实施。因为不同性质的合伙企业，合伙人所要承担的责任是不同的。

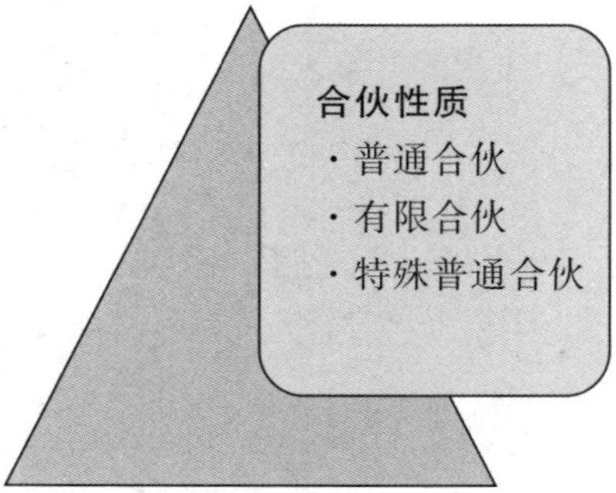

知识链接

签订特殊普通合伙协议与签订普通合伙协议有什么不同

在普通合伙企业中，普通合伙人要对合伙企业的债务承担无限连带责任；在特殊普通合伙企业中，普通合伙人却不一定要对合伙企业的债务承担无限连带责任。不过，签订特殊普通合伙协议，基本上与签订普通合伙协议无太大差别，只需注明合伙人是否具备该行业的资质，因为特殊普通合伙企业往往是一些专业知识较强的企业，如律师事务所、审计事务所等。

经典案例

李广涛、赵忠、钟岩与门志清四人均为山西永济的农民，2014 年 8 月，四人决定合伙做家装工程，所以共同出资成立了一家普通合伙企业。四个合伙人经商定后，签订了一份书面的合伙协议。根据这份协议，他们共同约定：

（1）李广涛、赵忠二人以货币形式出资。

（2）钟岩以自己在永济的一处楼房的实物出资。

（3）门志清以劳务折价出资，但不得过问企业事务，也不承担企业亏损所出现的民事责任。

（4）由李广涛执行合伙企业事务，对外代表合伙企业，但如果签订的合同的金额超过了 5 万元时，应当经其他合伙人同意。

然而，2015 年 3 月 22 日，李广涛以合伙企业的名义私自与运城市内某装修公司签订了一份合同，合同金额达 20 万元。合伙人赵忠得知后，认为李广涛签订这份合同的行为不符合当初他们签订的合伙协议中的约定，于是将此事告诉了钟岩与门志清二人，这三位合伙人经过商议后，向李广涛与之签订合同的装修公司表示，不予认可李广涛与该公司签订的那份 20 万元的合同。

与此同时，当时以劳务形式出资的门志清提出了退伙，经李广涛、赵忠、钟岩三人同意后，门志清退出了合伙企业。而随着门志清的离开，合伙企业因发展需要，又选择了新的合伙人加入企业。

后来，运城这家装修公司开始向这家合伙企业追缴高达 17 万元的债务。对此，合伙企业中后来加入的新合伙人拒绝承担这一债务责任。于是运城这家装修公司要求合伙企业中最初的四位合伙人李广涛、赵忠、钟岩与门志清共同承担，然而门志清却认为自己已经退出了合伙企业，没有这一义务，并拿出了当时几个人合伙时签订的合伙协议。可是令他万万没想到的是，就是这一合伙协议，让他最终不得不承担其中的债务责任。

因为在这份合伙协议中，尽管当时约定，门志清是以劳务折价出资的形式入伙，既不得过问企业事务，也不承担企业亏损所出现的民事责任。然而这一条是无效的，因为当初他们四个合伙人成立的是一家普通合伙企业，而普通合伙人成立的合伙企业，根据规定，所有合伙人都要承担债务的无限连带责任。而装修公司所主张的 17 万元的债务，属于门志清在退出普通合伙企业之前发生的，因此他必须承担这一债务责任。

专业点评

1. 创业者在与合伙人签订合伙协议时，一定要明白即将成立的合伙企业的性质，以明确作为合伙人在其中所要承担的责任。即使是合伙人在合伙协议中明确了责任，也不能违反合伙企业性质中的规定。

2. 在不同性质的合伙企业中，合伙人有着不同的权利主张，但同时也承担着不同的债务责任，因此，创业者在签订合伙协议时，一定要以打算成立的合伙企业的性质来规范合伙协议的具体内容。

3.3.2 明确利润分配

合伙人在签订合伙协议时应当注意，一定要在上面说明“利润分配”，俗语有云：“先小人，后君子。”合伙人需要按照所有合伙人的共同约定，在合伙企业的不同性质下，合理注明合伙企业未来的利润分配。

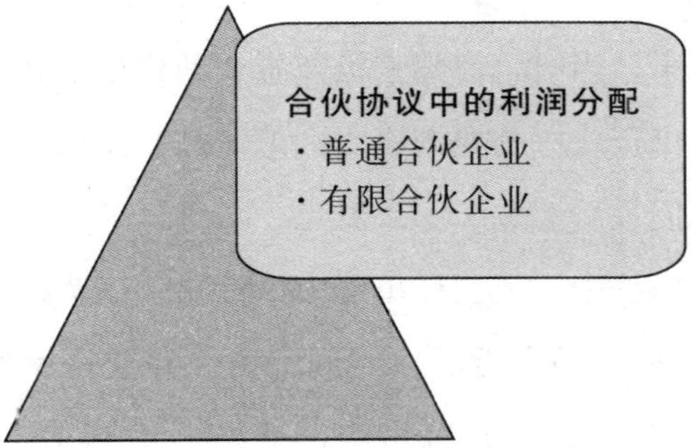

在合作协议中，合伙人应当按照普通合伙企业或有限合伙企业的相关规定，事先注明具体的分配方案，以避免日后出现纠纷。

知识链接

普通合伙企业与有限合伙企业在利润分配上有什么异同

普通合伙企业与有限合伙企业在利润分配上，既有相同的要素，同时也有一定的区别。

相同点：

合伙人在分配利润时，应当以合伙协议中的约定进行分配，如果未在合伙协议中约定，或是约定不够明确的，那么全体合伙人可以以协商的方式来决定。如果协商不成，则应当按照合伙人成立合伙企业时实缴的出资比例进行分配。如果无法确定出资比例时，应当由所有合伙人来平均分配。

不同点：

有限合伙企业在分配利润时，尽管一般情况下不会将全部利润分配给部分合伙人，但是，如果合伙人在合伙协议中有另行约定除外；而普通合伙企业，却严格规定，不能将全部利润分配给部分合伙人。

经典案例

鑫龙酒店是一家由三个自然人合伙成立的普通合伙企业，该酒店位于新疆乌鲁木齐市，当时，自然人范波春找到徐德政和陈圣秋，三人商量后，决定合伙出资成立鑫龙酒店。经范波春、徐德政和陈圣秋三个合伙人的协商，他们最后达成了一致意见，并签订了一份书面合伙协议。

在这份合伙协议中，范波春出资195万元，徐德政与陈圣秋每人各出25万元，酒店成立的宗旨是：共同经营，并获得满意的利润。合伙经营的具体项目为餐饮与客房出租。他们三人还约定，合伙时间为2012年2月15日至2025年2月15日，在此期间，合伙人的出资为共同财产，不得随意请求收回或分割，并设立存取款账号作为每次收入与支出的公共账号。

在利润盈余分配上，合伙协议中明确规定：在未收回出资额期间，范波春每年按年盈利的60%分配；徐德政每年按年盈利的20%分配；陈圣秋每年按年盈利的20%分配。

在债务承担上，合伙人范波春、徐德政和陈圣秋同样在合伙协议上做了约定：经营过程中出现的债务，先以合伙财产偿还，合伙财产不足清偿时，由合伙人共同承担，如果任何一方对外债偿还后，另外几方应当按出资比例，10日内向对方清偿自己应负担的部分。另外，合伙人还就合伙经营终止做了约定：酒店转让所得，按合伙人的出资比例分配。

由此可见，范波春、徐德政和陈圣秋三个人在合伙经营鑫龙酒店时，利润分配是以出资比例的不同来计算收益的，同时，也是按照这一比例来承担债务责任的，并且还就合伙经营终止时的财产分配做了具体约定，仍然是按出资比例进行财产分配的。

可以说，三个合伙人签订的这份合伙协议较为公允，合乎规范，并没有出现将全部利润分配给部分合伙人的约定，应当视为有效协议。同时，他们也对合伙企业成立后各自应承担的债务责任做了详细说明。这样一来，就有效避免了日后酒店经营中出现的利益纠纷。

专业点评

1. 合伙人在签订合伙协议时，不管成立的是普通合伙企业，还是有限合伙企业，甚至是特殊普通合伙企业，都应当在合伙协议中事先约定好利润的分配方式与责任承担的方式，这样才能做到利润分配合理、责任共担。

2. 合伙企业不同于事业团体，是以未来盈利为目的的，因此，只有制订出合理的利润分配方案与责任承担方案，合伙企业才能做到在日后的经营中，账目一目了然。

3.3.3 事务执行的约定

合伙企业中的事务执行是指，合伙企业的经营管理和其对内外关系中的一些事务处理。在签订合伙协议时，需要确定合伙企业中具体经营和管理的执行人员。在自然人成立合伙企业时，常常是各个合伙人共同出资后共同经营，但也有放弃经营管理权的，仅仅是以现金出资。

由于合伙企业的经营和管理往往决定着合伙企业的成败，所以，在确定具体的事务执行合伙人时，所有合伙人都应当慎重。即使是不担任合伙企业具体事务的合伙人，也要定期对执行事务的合伙人的工作进行督导与检查，并对合伙企业的经营状况和财务状况有所了解。

知识链接

合伙企业事务执行的主要规则是什么

（1）对外代表权

执行合伙企业事务的合伙人，对外代表合伙企业。

（2）表决办法

按照合伙协议，合伙企业执行合伙人对合伙企业的有关事项做出决议时，除了《中华人民共和国合伙企业法》或合伙协议中另有约定的情况以外，必须经过全体合伙人以一人一票的方式表决。

（3）执行合伙企业事务合伙人与其他合伙人的关系

如果委托一名或数名合伙人执行合伙企业事务的，其他人将不再执行合伙企业事务；不参加合伙企业执行事务的合伙人，有权监督执行事务的合伙人，检查其执行合伙企业事务的情况；执行合伙企业事务的合伙人，应当按照合伙协议中的约定，定期向其他合伙人报告事务执行的具体情况，以及合伙企业的经营状况和财务状况。

（4）异议的处置

如果合伙协议中约定，或是经全体合伙人决定，合伙人分别执行合伙企业事务时，合伙人可以对其他合伙人所执行的事务提出异议；其他合伙人提出异议时，应当暂停这一项事务的执行；如果发生争议，应当由全体合伙人共同决定。

（5）委托的撤销

被委托执行合伙企业事务的合伙人，如果不按照合伙协议中的约定，或不按照全体合伙人的决定执行事务的，其他合伙人有权决定撤销该项委托。

（6）重要事项的特别规定

重要事项的特别规定，是指合伙企业的下列事务，必须经过全体合伙人同意后方可执行：

①改变合伙企业的名称；

②处分合伙企业的不动产；

③向企业所在的登记机关申请办理变更登记手续；

④转让或者处分合伙企业的知识产权与其他财产权利；

⑤聘任合伙人以外的人担任合伙企业的经营管理人员；

⑥以合伙企业的名义为他人提供担保；

⑦合伙协议约定的其他有关重要事项。

经典案例

云南荣赛贸易有限公司是一家由自然人独资成立的有限公司，成立于2008年10月12日，经营范围为国内贸易、物资供销等。

2015年3月，公司因发展需要，决定成立义门庄合伙企业（有限合伙），主要是负责其旗下“义门酒庄”的分店管理。由于云南荣赛贸易有限公司是以有限合伙的方式设立这家新合伙企业的，因此，在找到几位有限合伙人后，云南荣赛贸易有限公司作为普通合伙人的身份出现。

在普通合伙人与有限合伙人商议后，双方签订了一份书面合伙协议。在约定好各自的出资情况、资金安排使用，以及普通合伙人与有限合伙人各自所承担的责任和分红比例及方式后，合伙人又约定了义门庄合伙企业（有限合伙）成立后的企业具体事务：

鉴于义门庄合伙企业（有限合伙）中只有一名普通合伙人，故本协议中的有限合伙人一致决定，由普通合伙人云南荣赛贸易有限公司担任本合伙企业的执行事务合伙人，对外代表本合伙企业，其他合伙人不再执行合伙企业事务。不执行合伙企业事务的合伙人有权监督执行事务合伙人，有权检查其执行合伙企业事务的情况。另外，执行事务合伙人应当依照约定，定期向其他合伙人报告执行事务的情况，以及合伙企业的经营状况和财务状况，因执行合伙企业事务而产生的收益归合伙企业所有。云南荣赛贸易有限公司作为执行合伙企业事务的合伙人，有权收取一定的报酬，义门庄合伙企业（有限合伙）应当每年按月支付其相应的报酬。

此外，经得有限合伙人同意后，执行事务合伙人可以改变合伙企业的名称或改变合伙企业的经营范围、主要经营场所的地点，可以聘任合伙人以外的人员担任合伙企业的经营管理人员。

在成立义门庄合伙企业（有限合伙）时，普通合伙人云南荣赛贸易有限公司及有限合伙人在签订合伙协议时，将合伙企业的事务做了详细的说明，因此，使得合伙企业义门庄合伙企业（有限合伙）成立后，得以按照合作协议中约定的执行事务的方式，由普通合伙人具体负责合伙企业的各种执行事务。

专业点评

1. 合伙企业的事务执行关系到企业成立后的具体运营，尤其是在有限合伙企业中，并不是所有的合伙人都必须执行合伙企业的具体事务，因此，只有在合伙协议中将各种执行事务具体说明，才更利于合伙企业成立后的正常运营。

2. 在以投资为主要目的的合伙中，被投资者往往会以普通合伙人的身份出现，而投资者常常是有限合伙人，所以，投资者在考虑要不要成为被投资者的有限合伙人时，一定要注意考查被投资者的业绩，这样才能够放心地将资金投入进去。

第四章

合伙制问题

——明白这些关键问题，合伙企业才能越办越好

除了合伙协议的签订问题，创业者在成立合伙企业时，还应当了解其中几个关键问题，如股权问题、融资问题、出资变更问题、合伙目的与目标问题、合伙人的职责问题等，因为只有弄明白了这些关键问题，才不至于遇事手忙脚乱，不知从何下手。

4.1 股权问题

4.1.1 股权质押

股权质押又称股权质权，是指出质人以其拥有的股权作为质押标的物而设立的质押。质押以其标的物为标准，分为动产质押、权利质押。股权质押属于权利质押的一种。因以其拥有的股权作为质押标的物，使债权人取得对质押股权的担保物权，所以叫做股权质押。

通常情况下，股权质押大多在上市公司的融资中出现，但合伙企业在以股权质押的方式融资时，应当依照《中华人民共和国合伙企业法》第 24 条的规定："合伙人以其在合伙企业中的财产份额出资的，需经其他合伙人的一致同意。"因此，合伙企业在实施股权质押时，应当在全体合伙人一致同意的条件下才能实施。除此限制外，合伙人不能以其出资份额质押给本合伙企业。

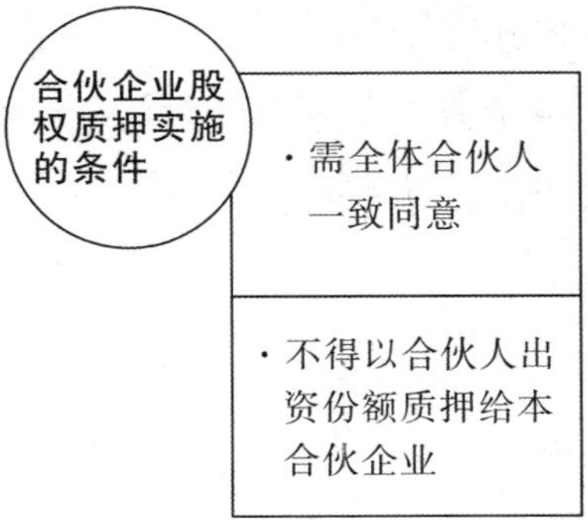

知识链接

股权及其主要分类是什么

股权，就是股票持有者所具有的，与其拥有的股票比例相对应的权益和所需要承担的一定责任的权利。其主要分类有以下几种。

（1）自益权和共益权

这是根据股权行使目的的不同而进行的股权分类，自益权是指专为该股东自己的利益而行使的权利，例如：剩余财产分配请求权、股息和红利的分配请求权、新股优先认购权等。共益权是指为股东的利益并兼为公司的利益而行使的权利，比如请求召集股东会的权利和表决权、请求判决股东会决议无效、查阅请求权的权利等。

（2）单独股东权和少数股东权

这是根据股权的行使是否达到一定股份数额为标准而进行的分类，其中，单独股东权是指股东一个人就可行使的权利，一般的股东权利都属于这种权利；少数股东权，是指达不到一定股份数额就不能够行使的权利，比如请求召开临时股东会的权利，必须持有公司股份10%以上的股东才能行使。

（3）普通股东权和特别股东权

这是根据股权主体有没有特殊性进行的分类，也就是说，普通股东权是一般股股东所享有的权利，特别股东权是特别股股东所享有的权利，比如优先股股东所享有的权利。

经典案例

张秦喜与苏樱、戚书会是多年的好友，由于三人对水产这一行业都十分感兴趣，因此，在经过一段时间的准备后，三人决定合伙经营水产生意。在签订书面协议后，他们共同出资成立了一家合伙企业，专门从事水产的销售。

张秦喜、苏樱、戚书会三人齐心协力经营，使得他们的合伙企业生意兴隆，并出现了越做越大的势头，这令三人都兴奋不已。然而天有不测风云，突然有一天，合伙人张秦喜由于过度劳累导致突发肝病，在亲朋的劝说下入院治疗。

由于治疗费用较高，张秦喜一家难以承受，张秦喜只好向自己的亲戚谢延平借了20万元。虽说张秦喜与谢延平是亲戚，但是为了让对方放心，张秦喜同意将其在合伙企业中的出资份额抵押给谢延平。并且，张秦喜与谢延平还签订了一份相关的协议。

随后，谢延平按照这份协议，将20万元借款交给了张秦喜继续支付治疗所需的费用。

过了几天，张秦喜再三考虑，决定将自己质押股份向谢延平借款20万元的事，去征求合伙人苏樱和戚书会的意见。令张秦喜没有想到的是，只有合伙人苏樱对此表示理解与同意，戚书会对此非常气愤，反对张秦喜这种质押行为。因为戚书会非常看好这家合伙企业的前景，如果到时张秦喜无法按时还款给谢延平，原本三人成立的这个合伙企业，岂不是要将张秦喜换成谢延平？而谢延平又不喜欢经营水产生意，到时谢延平成了“甩手掌柜”，不等于他们由原来的三个人合伙经营变为两人经营？但是，企业经营所得的利润却要三个人分。

为此，张秦喜、苏樱、戚书会虽经过多次协商，却始终没有达成一致意见，最后戚书会一怒之下将张秦喜告上法庭，要求法院确认张秦喜和谢延平签订的那份质押合同无效。

后来，经当地法院审理，支持了戚书会的诉讼请求，认为张秦喜和谢延平签订的质押合同属于无效合同，原因是：这家经营水产的合伙企业系张秦喜、苏樱、戚书会三人合伙成立，张秦喜于生病期间，在没有征得苏樱、戚书会同意的情况下，就以其在合伙企业中的出资份额为质押物，质押给了合伙企业之外的谢延平，违背了合伙企业中其他合伙人的意愿。因此，谢延平借给张秦喜的20万元，以这家合伙企业中的出资份额去质押是无效的。

专业点评

1．合伙人在以合伙企业中的出资份额去质押贷款时，必须经得其他合伙人的同意，否则其行为是不受法律保护的。

2．合伙人以自己在合伙企业中的出资份额去质押借款时，即使得到了其他合伙人的同意，也只能向合伙企业之外的第三方去质押借款，而不能以出资份额为质押物向合伙企业去借款。

4.1.2 股权转让

股权转让，是指公司的股东依法将自己的股东权益以有偿的方式转让给他人，令他人取得股权的一种民事法律行为。但是，依照《中华人民共和国合伙企业法》规定，合伙企业中的合伙人，在进行股权转让时有两种形式：内部转让和外部转让。

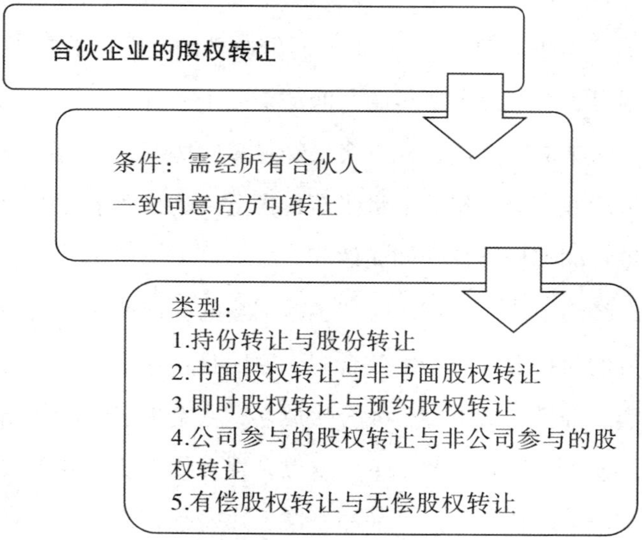

合伙人在内部转让时，应当在其他合伙人一致同意的条件下，才可以将自己的出资股份转让给合伙企业的其他合伙人；在外部转让中，也就是合伙人打算将自己在合伙企业中股权转让给合伙企业之外的第三人时，同样要得到其他合伙人的同意。

知识链接

合伙人转让合伙企业股份时应注意什么

合伙人在转让自己的股份时，应当注意：

（1）如果是普通合伙企业，转让时须经其他合伙人一致同意方可实施，如果转让给内部的其他合伙人时，应当签订一份书面转让协议，帮合伙企业办理工商变更手续。

（2）如果是有限合伙企业，合伙协议中约定好的，则按约执行；如果合伙协议中未注明，有限合伙企业中的有限合伙人须经全体普通合伙人与有限合伙人同意后方可转让。如果合伙协议中约定“有限合伙人转让股份时须经普通合伙人同意”，那么，有限合伙人只需经普通合伙人同意，即可将股份进行内部转让或转让给第三方。

（3）合伙人转让股份时，合伙企业应当考虑受让主体，因为有些主体并不适合作为合伙人，这会阻碍合伙企业的发展。

（4）合伙人转让股份时，应注意税负问题，如个人所得税、企业所得税、印花税。如果是折价或平价转让，可能不会产生个人所得税。但事实上，在实际运营当中的合伙企业，客观上其股权已经产生了价值，因此税务部门会综合企业的财务报表来判断平价转让是否需要缴纳个人所得税。如果是溢价转让，那么溢价部分应按照财产转让所得来申报个人所得税。印花税，则以转让协议中的价格为纳税标准，申报时仍需要提供财务报表。申报纳税行为最好不要晚于工商变更后的税务变更，否则可能会产生滞纳金。

经典案例

2011年年初，贵州六盘水市自然人李广安与徐强经协商后，决定由二人共同出资成立一家蓝天养生会所。为此，二人签订了一份合伙协议，协议中约定，李、徐二人各出资10万元，共计20万元。不久二人的蓝天养生会所便在六盘水市开张营业了。

经营一段时间后，李广安发现自己与徐强的性格不太合，双方经常因某些事而争执。最后，李广安向徐强提出，想将自己当初与他合伙时出资的10万元转让给一个叫陈兴水的人，也就是说，他会在不影响会所正常经营的情况下，全身而退。

在与陈兴水相谈后，徐强同意了李广安的这一转让要求，于是，李广安就自己当初出资的10万元股权转让为主要内容，与陈兴水签订了一份转让协议。按照协议约定，自合同签订时起，由陈兴水首期付给李广安3万元，剩下的7万元需在2012年10月前一次性付清。

李广安签订了这份转让协议，并在拿到3万元后，就退出了蓝天养生会所的经营，而陈兴水也顺理成章地进入了蓝天养生会所，与徐强开始了合伙经营。

然而，直到2012年11月初时，李广安都没有收到陈兴水向他支付其余的7万元，在拿着合同索要无果后，李广安将陈兴水告上了当地法院。

经法院审理发现，原来在2011年年初时，李广安与徐强二人签订合伙协议后，并未到工商行政部门去登记，就已经开始了合伙经营蓝天养生会所。徐强当庭得知这一情况后，便百般借此找理由转移问题的焦点，致使案件一拖再拖。

最后，法院却依然判决，陈兴水应当向李广安支付余额7万元，理由是：在2011年年初时，尽管李广安与徐强二人签订合伙协议后未对蓝天养生会所进行工商登记注册，但他们已经开始了共同经营，属于个人合伙经营，因此，二人签订的合伙协议有效。其后，李广安与第三人陈兴水签订股份转让时，经过了蓝天养生会所的其他合伙人（即徐强）的同意，并在合法条件下与陈兴水签订了一份转让合同，从此离开了蓝天养生会所，而陈兴水此时即介入了蓝天养生会所，与徐强开始了合伙经营。

因此，李广安与徐强当初签订的合伙协议有效，二人又有共同经营的事实，属于未履行合伙企业注册的合伙企业。之后李广安与陈兴水所签订的股份转让协议，是在经过其他合伙人同意的条件下，在双方自愿基础上签订的一份股份转让协议，同样有效。所以，陈兴水在按协议首期支付了李广安 3 万元后，应当按照协议，将其余的 7 万元继续支付给李广安。

专业点评

1. 合伙人在转让自己的股份时，应当合法，并在其余合伙人认同的前提下，与受让者在自愿的基础上签订转让合同。因为合伙企业不同于股份公司，是需要共同出资、共同经营的，因此，合伙是其前提，合伙人转让自己的股份必须征得其他合伙人同意后方可实施。

2. 合伙人在成立合伙企业时，在签订书面协议后，应当及时到当地工商行政部门进行合伙企业注册，以免出现纠纷时得不到法律的支持，不及时进行注册甚至还可能会受到工商行政部门的处罚。

4.2 融资问题

4.2.1 结构性融资

结构性融资，是指企业通过利用特定目的的实体，将拥有未来现金流的特定资产剥离开来，然后以该特定资产为标的进行融资。换言之，结构性融资的对象是特定资产，而非资产的所有者。其中，特定资产包括土地使用权、股权、矿产权等多种形态，是指一些特别的资产。

通俗来讲，这种以特定资产进行的结构性融资，对融资方而言是一种风险转移，对出资方来说则风险性较高。然而，在合伙制出台后，许多金融投资类的企业，却经常利用与融资方成立合伙企业的方式，进行这种特定资产的结构性融资，从而达到各自盈利的目的。

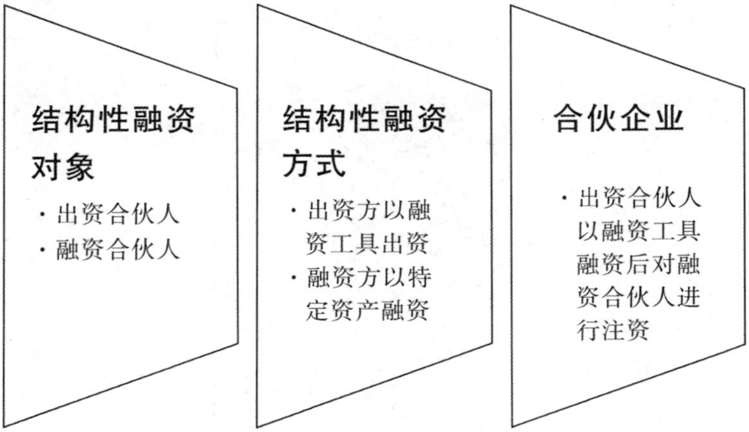

知识链接

结构性融资有什么特点

(1) 证券的发行往往要通过一个特设的机构，如 SPE（特定目的实体），或是合伙企业。

(2) 发行结构性融资的证券，在会计处理上的体现是资产出售而非债务融资。

(3) 结构性融资中，证券的信用主要取决于基础抵押资产的信用。

(4) 结构性融资的证券，必须为投资者提供基础资产的“维护服务”。

(5) 需要不断为结构性融资证券进行信用增级。

经典案例

中煤集团山西华昱能源有限公司（以下简称“中煤华昱”）成立于2014年3月，其前身是中煤集团山西金海洋能源有限公司。中煤华昱为一家规模较大的央企，总资产高达200亿元，并且拥有24个下属企业，其中包括16个企业和8座煤矿，公司产业涉及煤炭、电力、冶化、建材等多个领域。

为了改善公司的负债结构与财务状况，中煤华昱决定融资，对此，中煤华昱与恒丰银行进行了洽谈。恒丰银行是一家全国性的股份制商业银行，双方经过协商，中煤华昱与恒丰银行决定成立一家合伙企业——济南昱能投资管理合伙企业（有限合伙）。

中煤华昱如何通过这家合伙企业来实现融资呢?

首先，由恒丰银行出资7.5亿元成立产业基金，成立济南昱能投资管理合伙企业，并由这家合伙企业对中煤华昱以基金的方式进行增资，基金期限定为“3+3”，期满后可继续投资，也可通过市场化的方式寻找其他投资者，另外还可以由中煤华昱的股东按比例承诺回购。

这家合伙企业是以公司股权来合伙的，因此，势必会影响到中煤华昱的股权结构。因为中煤华昱的控股股东是中国中煤能源集团有限公司，它共持有中煤华昱60%的股份，而中煤华昱此次与恒丰银行成立合伙企业后，股权结构发生了变化，使得济南昱能投资管理合伙企业对中煤华昱进行完增资后，持有了17.57%中煤华昱的股份，中煤华昱的控股股东中国中煤能源集团有限公司的持股比例被稀释为49.46%，但其控股能力未发生变化。

虽然，中煤华昱的股权结构发生了变更，但是中煤华昱通过结构性融资，得到了公司发展所需要的资金。

作为合伙企业的另一方，通过合伙企业可顺利发行产业基金，同样也能通过基金的发行，实现向投资者的融资。可以说，在中煤华昱与恒丰银行成立济南昱能投资管理合伙企业的过程中，恒丰银行先是对合伙人济南昱能投资管理合伙企业进行了投资，而后又利用产业基金进行融资，完成了银行金融业务的发展。

专业点评

1. 结构性融资经常出现在公司与公司的合伙制企业之间，是融资企业以特定资产进行融资的重要方式。

2. 在结构性融资中，出资合伙人往往是以某金融产品出资，因此形成了合伙企业的再合伙融资，这是一种投资风险的转移，也是一种彼此合伙中的出资转移。

4.2.2 众筹融资

众筹，也就是大众筹资或群众筹资，它是由发起人、跟投人和众筹平台构成的。

众筹是一种新兴的融资方式，它的出现实际上是“项目＋资金”的一种合伙。因众筹的合伙低门槛、多样化，是依靠大众的力量和项目的创意实现最终的合伙，一出现就受到了很多项目拥有者与大众的关注。通常，众筹要通过网络上的平台将提案方与出资方连接起来，因此，众筹的合伙中需要有一个网络平台做中介。

著名众筹方案调查咨询公司 Massolution 的研究报告显示，仅 2013 年，全球通过众筹的方式，一共募集到的资金已高达 51 亿美元，可见，众筹是一种成长极高的融资方式。

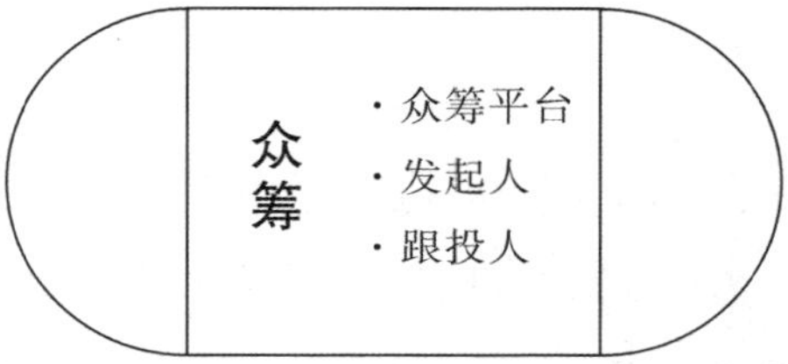

在当前，国内的众筹方式只有天使式、会籍式、凭证式三类：

（1）天使式众筹是股权众筹模式的典型代表，是筹资方与天使投资方或风险投资方之间通过互联网的方式完成融资。

（2）会籍式众筹是由 200 人以内的股东每人出一份钱完成融资，比如众筹开一个咖啡厅或者相关会所。

（3）凭证式众筹是众筹者筹到款后，给予出资方一个凭证，比如电影众筹中给出资方的电影票。

知识链接

众筹有什么规则

(1) 每一个众筹项目都必须设定所筹资的目标金额与筹资的天数。

(2) 在设定天数内，达到或者超过目标金额，项目即成功，发起人可获得资金；如果项目筹资失败，那么已获资金全部退还支持者。

(3) 众筹是一种融资方式，不是捐款，因此，支持某一众筹项目的所有资金，一定要根据数额设一个相应的回报。

经典案例

大家投网站是在2012年10月正式上线的，它是一家专注于股权众筹融资项目，专门为创业者和投资者提供高效众筹服务的网站。在上线后，创办者李群林一直都在极力向外推荐他想创建的网站——众筹式的天使平台。

李群林始终没放弃自己的追求，不断在微博上发表并宣传自己的理念，并一直在结识那些真正认可他理念的粉丝和朋友。经过2个多月的努力，李群林和他的大家投网站引起了深圳创新谷孵化器的注意，通过接触，创新谷孵化器愿意做李群林大家投项目的领投人。不久，李群林又接连找到了12个投资者，并且，其中出资最高的为15万元，最低的为3万元。

除了深圳创新谷孵化器是一家机构外，更多的投资者都是没经过专业投资培训的个人。李群林根据大家投网站的情况，最后出让了网站20%的股份，便开始了大家投网站正常的运营。

大家投网站的运营模式是：当创业者的项目在其网站平台上发布后，只要吸引到了足够数量的天使投资者（小额投资者），并凑足项目的融资额度后，创业者就会按照这些投资者各自出资的比例成立一家有限合伙企业。在这一有限合伙企业里，普通合伙人是领投人，有限合伙人为跟投人，然后他们按照出资额的比例持有项目企业出让的股份。

在这期间，大家投网站的盈利模式其实很简单，项目融资成功后，大家投网站作为一家中间平台，从中抽取2%的融资顾问费。

其后，大家投网站又推出了一个中间产品“投付宝”，就像支付宝一样，投付宝其实就是一个投资款托管性质的平台，即指那些对某一项目感兴趣的人，可先将自己的投资款打到由兴业银行托管的第三方账户，待众筹项目达到众筹目标后，各投资者再从投付宝里拨款到欲成立的合伙企业账号里，以完成合伙企业的注册验资。

投付宝的优点在于，投资者可以分批对被投企业或项目进行投资，根据被投企业或项目的运营情况，以及后续运营中的需要再继续投入。

相对于创业者来说，有了投付宝对投资款进行托管后，投资者在认投某项目时，就需要将投资款转入银行的托管账户，这样认投避免了投资者轻易反悔的情况，确保了创业者的融资效率。同时，投资者存放在托管账户中的资金，是分批次转入被投企业或项目的，这无形中也降低了投资者的投资风险，提高了投资者投资的积极性。

李群林推出的投付宝是以这种众筹模式运营的，而他自己创办的大家投网站，同样也是以这种众筹的方式融资成长起来的。

专业点评

1. 众筹是近几年流入中国的。目前，它已成为较为流行的一种融资手段，其更适合那些拥有小项目或专利的个人，通过众筹实现创业。

2. 作为投资者，在通过众筹方式投资时，最好选择那些高成长性项目，并对项目的可行性即具体经营上有所了解和认识，不可盲目认投。

4.3 出资变更问题

4.3.1 合伙人出资变更

合伙企业成立后，如果根据合伙企业的发展需要，在不增加新合伙人或有原合伙人退出的情况下，出现合伙人出资的变更，或当初的合伙出资额已无法满足合伙企业的发展，需要再增加资金时，合伙人应当根据情况，按照合伙人各自所增加出资的情况，具体改变原来合伙协议之下的出资比例，并经所有合伙人同意签订一份书面合同，然后报请工商行政管理部门登记。若是出资比例不发生变化，只是增加了出资，同样需要经工商行政管理部门批准，变更注册资金。

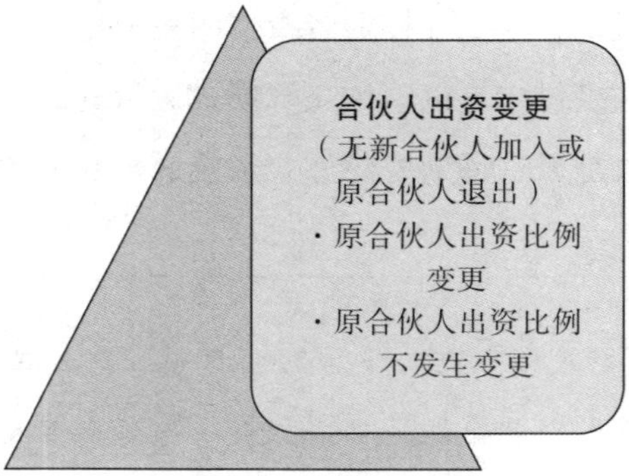

知识链接

合伙企业变更合伙人出资额应提交的文件材料有哪些

（1）合伙企业的执行事务合伙人（或委派代表）签署的《合伙企

业变更登记申请书》。

（2）全体合伙人共同签署的对各自认缴出资额的确认书。

（3）全体合伙人签署的变更决定书，或是合伙协议约定的人员签署的变更决定书。

（4）合伙企业的执行事务合伙人（或委派代表）的委托书。

（5）合伙企业的营业执照正副本。

经典案例

赵安与刘洋洋是一起长大的好友，两人于2013年见面后，刘洋洋提出了创业的想法，打算在河北正定的小商品市场做批发牙签的生意。

恰好此时赵安也有自己创业的梦想，于是两个人一拍即合，决定每人出资3万元成立一个专卖牙签的商铺，合伙经营牙签生意。

店铺开张后，在店铺经营的过程中，赵安又提出来，可以再在淘宝网上开一家专卖小日用品的淘宝店。刘洋洋同意了，但是其手头确实没有太多的钱，于是两人决定各自再出2万元。淘宝店开起来后，由于要进货，加上在淘宝网上的推广等费用下来，赵安与刘洋洋再出的4万元很快就用完了，于是刘洋洋又和赵安商量，此时的赵安也很想继续投资，因为她很看好网店的发展，只是苦于再无本钱投入。刘洋洋得知情况后，决定自己再出资2万元继续经营淘宝店。

如此一来，二人的出资额比例发生了变化，虽然刘洋洋并没什么意见，但做事一向认真的赵安却觉得，还是先把事情落实了比较好，于是她和刘洋洋重新签订了一份有关双方出资额变更的协议：赵安出资为3万元+2万元（共5万元）；刘洋洋出资3万元+2万元+2万元（共7万元），并附上了出资额变更的原因，即为了共同发展牙签商铺在网上的销售。双方约定好，在今后的利润分成上按这一比例执行。

两个人到工商行政管理部门进行了出资变更登记后，便一心扑到了经营中。结果，淘宝店在二人的齐心经营下，实现了获利。

专业点评

1. 合伙企业成立后，即使没有合伙人退出或新合伙人入伙，只要合伙人增加了出资额，使得出资额发生了变化，就一定要到工商行政管理部门进行变更。

2. 在办理出资额变更手续时，合伙人一定要注明出资额变更的原因和数额，以及变动后各合伙人在合伙企业中所占份额的变化。

4.3.2 合伙人退出

《中华人民共和国合伙企业法》第43条规定："合伙人个人财产不足清偿其个人所负债务的，该合伙人只能以其从合伙企业中分取的收益用于清偿。"而《中华人民共和国合伙企业法》第39条规定："合伙企业对其债务，应先以其全部财产进行清偿。合伙企业财产不足清偿到期债务的，各合伙人应当承担无限连带清偿责任。"

从这两条规定可以看出，合伙企业因经营不善出现亏损时，合伙人有权解散合伙企业，或是部分合伙人可以选择退出，因为合伙企业应当在自愿的基础上去合伙合营。然而，合伙企业中的合伙人并非只有主动退出的情况发生，还有被动退出的情况，也就是当某一合伙人因履行合伙协议，遭到其他合伙要求时，也应当选择退出，如此时经所有合伙人一致同意的话，可根据合伙协议中的约定选择退出；若合伙协议中未规定，则应按当时合伙企业的经营状况，双方协商后令其退出；如果协商未果，可以选择解散合伙企业，清算后由合伙人自愿再组成新的合伙企业。

合伙人退出	
合伙人主动退出： 合伙企业因经营不善出现亏损时，合伙人有权解散合伙企业，或是部分合伙人可以选择退出	**合伙人被动退出：** 当某一合伙人因履行合伙协议，遭到其他合伙要求时，应当选择退出，如此时经所有合伙人一致同意的话，可根据合伙协议中的约定选择退出；合伙协议中未规定，应按当时合伙企业的经营状况，双方协商后令其退出；协商未果，可以选择解散合伙企业，清算后由合伙人自愿再组成新的合伙企业

但是，如果是合伙人出现死亡或疾病，无法继续履行合伙义务的，则应当经过协商由其子女继续担当合伙人，但必须经过全体合伙人的同意，并签订新的合伙协议后执行。当全体合伙人意见未达成一致时，应令合伙人及时清算后按比例退出。

知识链接

合伙人退伙时应注意什么

（1）合伙人退伙后，将丧失合伙企业的合伙人资格。

（2）合伙人选择退伙时，应当经其他合伙人同意后方可退出。

（3）合伙人退伙时，应当请求其他合伙人按照退伙时的合伙企业财产状况进行结算，退还其财产份额。

（4）合伙人退伙时，如果合伙企业有债务问题，退伙人应按出资比例承担责任，与其他合伙人共同承担相应的连带责任。

（5）合伙人退伙时，如果合伙时的合伙企业财产少于合伙企业债务，退伙人应依照合伙协议约定的比例承担亏损；未约定比例的，由各合伙人平均承担亏损。

（6）因合伙人退伙导致合伙企业不足两人的，合伙企业应随之终止。如果是有限合伙企业，普通合伙人无一人时，应以解散合伙企业对待。

经典案例

2015 年 8 月，自然人王吉昌、胡大为和周小娟，三人经过协商后，决定成立一家红木家具厂，并签订了一份合伙协议。

三人在合伙协议中约定，由王吉昌以实物（两间临街铺面）作价 10 万元，再出资现金 20 万元，共计 30 万元出资；胡大为出资 20 万元现金；周小娟出资 10 万元现金。同时，约定三人按 3∶2∶1 的比例去分配利润和承担债务。

合伙协议签订好后，三人在工商行政管理部门核准登记合伙企业后，领取了营业执照。至此，一家普通合伙企业红木家具厂宣告成立。2015 年 10 月，王吉昌经过其他两个合伙人的同意后，以合伙企业红木家具厂的名义向当地信用社贷款了 20 万元，期限为 2 年，后用此贷款购买了一些加工设备。

从此，红木家具厂开始了投产运营。因王吉昌、胡大为和周小娟三个合伙人的苦心经营，红木家具厂的效益不错，只是三个合伙人一直没有分红。

2016 年 1 月，周小娟由于个人身体的原因，无法再继续与另二人合伙经营，因此打算退出合伙企业。在征得王吉昌与胡大为的同意后，周小娟与自然人谢起义签订了一份转让协议：周小娟将自己在合伙企业的出资额与其他权利义务，以其出资的 9 万元价格，全部转让给谢起义。同时还约定，谢起义对其入伙前的合伙企业红木家具厂的债务不承担任何责任。转让协议签订后，谢起义向周小娟交付了 9 万元，并依法办理了相关的变更登记手续。

2016 年 3 月，红木家具厂突然遭遇了一场大火，一夜之间，整个工厂化为灰烬，还导致相邻的几家服装商铺遭到损失。至此，红木家具厂不得不宣布解散。当地信用社得知消息后，要求红木家具厂归还贷款，与红木家具厂相邻的几家商铺也派出代表，要求红木家具厂赔偿他们5万元损失费。

此时，王吉昌闻讯人间蒸发，胡大为自称经济能力有限，谢起义则称：根据当初与周小娟签订的转让协议，对这20万元贷款没有偿还义务，因贷款是在他接受转让之前发生的。

经过调查，信用社发现，胡大为没有其他财产，经济能力有限，但周小娟家境富裕，在市内有房产三处，其丈夫名下有存款80多万元。于是信用社找到周小娟，要求其偿还当初的20万元贷款和利息。不想，信用社的这一举动却遭到了周小娟的拒绝。与红木家具厂相邻的店铺也派代表前来找周小娟，要求其赔偿5万元损失费，同样遭到了周小娟的拒绝。于是，信用社和与红木家具厂相邻的店铺以此为由向法院提起了诉讼，要求周小娟承担责任。

最终法院判定，红木家具厂在这起大火引发的债务问题上，20万元贷款由王吉昌、胡大为、周小娟、谢起义四人承担，因谢起义在接受周小娟的转让后，享有与原合伙人相同的权利，承担相应的义务，而周小娟尽管已退出合伙企业，但20万元贷款属其退伙前发生的合伙企业债务，其应当为此承担责任，因此，欠信用社的20万元由四个人共同承担。而与红木家具厂相邻店铺的损失，是发生在周小娟退伙后，此时她已经不是红木家具厂的合伙人，对退伙后的合伙企业债务将不承担任何责任，所以这5万元的损失费应由王吉昌、胡大为与谢起义三个合伙人共同承担赔偿。

专业点评

1. 合伙人在退出合伙企业后，只对退伙前合伙企业产生的债务负有赔偿责任，因此，合伙人在退伙前一定要清算好当时的资产，对其要承担的部分，一定要履行好责任再办理退伙手续。

2. 如果是有限合伙企业，其中只有一名普通合伙人时，其若是提出退伙，合伙企业则应当以解散的方式出现，并在进行清算后解散。

4.3.3 新合伙人入伙

新合伙人入伙，是指新的合伙人投入不定期数额的资本，加入合伙组织的一种经济行为。

新合伙人入伙从途径上来分有两种：

(1) 购买合伙企业中的某一合伙人的全部或部分股份，但必须经过全体合伙人同意。

(2) 原合伙企业解散，并在评估企业资产后，新的合伙人按出资多少，与原合伙企业的合伙人重新组成合伙企业。

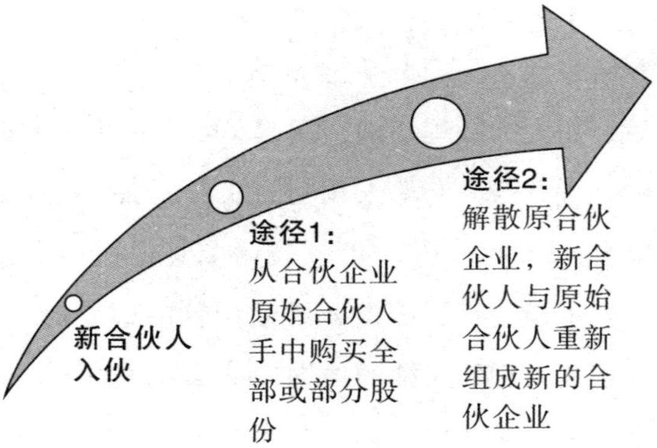

知识链接

新合伙人入伙时应注意什么

(1) 新合伙人入伙，除原合伙协议中另有约定外，应当经过全体合伙人的一致同意后，依法重新签订一份书面合伙协议。

(2) 订立新的合伙协议时，原合伙人应当向新合伙人如实告知原合伙企业的经营状况和财务状况。

(3) 新合伙人入伙时，对入伙前合伙企业的债务承担无限连带责任，原合伙企业解散，并重新成立合伙企业的情况除外。

（4）新入伙的合伙人与原合伙企业中的合伙人，享有同等的权利，并承担同等的责任。原合伙协议中另行约定的情况，应重新约定。

经典案例

朱先念与赵大河、李维金三人经协商后，决定各出资 2 万元成立一家小食品加工厂，且三人就其合作签订了一份书面的合伙协议，并依协议在工商行政管理部门注册了一家合伙企业。

合伙企业成立后，朱先念便与赵大河、李维金开始了具体的实施，如购买相关的设备等，但在具体的实施过程中，三人发现，原本计划的 6 万元出资额根本无法令小食品加工厂正常运转，并且三个人的家境都一般，无法再拿出钱来。

这时，李维金想起了表弟温向阳，于是他和赵大河、朱先念商量，不如以小食品加工厂的名义，由他出面向表弟温向阳借款 2 万元，待工厂赚钱后马上还他。两人同意后，李维金便找到了表弟温向阳，经过一番说明后，温向阳同意了表哥的请求，答应可以借给他们 2 万元。然而他却有另一个要求，因为考虑到表哥借钱是做生意的，所以，温向阳要求以这 2 万元当作入股本金入伙他们的小食品加工厂。

于是，李维金回去和另外两个合伙人商量，朱先念与赵大河都同意温向阳入伙，但同时提出他不能干涉小食品加工厂的经营活动。这一要求，也得到了温向阳的同意。随后，温向阳正式签订了一份书面的合伙协议。

然而，在小食品加工厂正式成立 1 年后，却出现了不景气的局面。这时，温向阳以父亲生病为由，向表哥李维金提出退回当初 2 万元入伙的资金，并退出合伙，却遭到了李维金的拒绝。可温向阳并没有死心，一天，他趁表哥李维金不在，来到了小食品加工厂，并找到了表哥的另两位合伙人朱先念与赵大河，声称其表哥李维金已经同意，要求二人退还其当时入伙的 2 万元。

朱先念与赵大河碍于李维金的面子，也不好翻脸，便将小食品加工厂内仅有的12000元现金交给了温向阳。当李维金得知这一情况后，十分不满，于是没有将余下的8000元入股本金交还表弟。

又过了半年，小食品加工厂出现了亏损35000元的情况，债权人找到小食品加工厂要求还债，无奈之下，李维金只好以小食品加工厂的名义，将其合伙人温向阳告上了法庭，要求其退还当初朱先念与赵大河交付他的12000元钱，并与朱先念、李维金、赵大河等三人来共同偿还35000元的债务。

最后，法院支持了小食品加工厂的请求，因为当时李维金本想以合伙企业小食品加工厂的名义向温向阳借2万元，但温向阳却提出了入伙的请求，并经全体合伙人同意后签订了一份入伙协议，此时，温向阳已经成为小食品加工厂的合伙人之一。

随后，温向阳在未经所有合伙人同意的情况下，擅自以父亲生病为由要求退伙，并提走了朱先念与赵大河二人给的12000元，这属于一种无效的行为，其退伙行为并不成立。而作为小食品加工厂的四个合伙人之一，温向阳理应为小食品加工厂在经营中出现的债务负责，所以，他不仅需要退还12000元，还要与其他三个合伙人平均承担这35000元的合伙企业债务。

专业点评

1. 新合伙人入伙合伙企业时，一定要在所有合伙人同意的情况下签订合伙协议，并且在退伙时，同样需要所有合伙人同意方可有效。同时，还要就合伙企业当时的财务情况进行退伙，而不是以本金为准。

2. 如果新合伙人入伙的合伙企业为有限合伙企业，且入伙的性质为有限合伙人，则应以入伙本金的比例享受权利和承担义务；如果入伙的为普通合伙人，则应当与其他普通合伙人共同按合伙协议的约定执行，如合伙协议中未约定，则按当时入伙时的资金比例承担无限连带责任。

第五章

合伙企业成立的步骤

——程序虽简单，内容却不容忽视

合伙企业虽然成立简单，却依然要履行一定的法律程序，因为有许多要素都是在成立合伙企业时体现出来的，比如：合伙人的选择；如何确立合作关系；企业宗旨；核心创业团队的构建；企业的战略规划；企业的商业运营模式；注册合伙企业的程序等。明白这些后，才能够在合伙时做到运筹帷幄。

5.1 选择合伙目标

5.1.1 普通合伙中的合伙人选择

大多数创业者在选择合伙人时，都会偏向于事业的合伙，也就是几个人想合伙做一番事业。不管是技术上的合作，还是因资金不足产生的资金与技术的合作，都属于合伙的范畴。合伙需要彼此出资，无论是以资金、实物、技术等任何形式的出资，还是合伙人出资的多与少，都不过是出资的方式不同，在合伙企业所占的股份比例不同罢了，但有一点是相同的，那就是创业者所寻找的合伙人，其对技术或资金的拥有，都是对方所缺少的。

可见，创业者寻找的合伙人所拥有的东西，往往正是创业者完成事业所必需的。

知识链接

什么是事务所

事务所，是指处理事务的场所、机构。如今的事务所，大多专业性很强，多为以较强的专业知识和技能，为客户提供相关知识的信息咨询及业务委托服务的机构，比如律师事务所、资产评估事务所、会计事务所等。在组成形式上，如今的事务所往往由于业务单一，因此多为普通合伙企业或有限合伙企业。所以，创业者选择成立事务所时，往往是对某一知识技能掌握较为纯熟，并经过了一定实践后，与同行合伙成立的。

经典案例

苏州华衡资产评估事务所是一家普通合伙企业，是在2013年12月12日注册成立的，主要经营的范围包括：各类单项资产评估、资产组合评估、企业价值评估、其他资产评估和相关的咨询业务等。

当初成立这家事务所时，徐兆林很是头痛，因为他当时只是一位拥有资质的评估师而已，想创业并不简单，不仅要有办公场地，还要有评估师。要知道，即使他穷尽个人的力量，也不可能完成评估方面的所有业务，更何况还有资金方面的短缺。

为了顺利创业，徐兆林必须寻找合作伙伴，并且在他看来，这种合作伙伴不仅要精通专业，具有评估师的资质，还要有一定的财富。为此，徐兆林在自己以前就职的单位及从事的相关行业找了个遍，最终选定了几位既有资质又有一定资金的合伙人。2013年年底，徐兆林和其合伙人成立了苏州华衡资产评估事务所这家普通合伙企业。

相同资质、拥有一定资金的合伙人加入后，不仅解决了徐兆林资金不足的问题，同时还能够和他一起分担事务所的业务。因为每一个拥有资质的评估师都有自身的专长，以及他们各自的业务圈，这无疑有利于评估事业的发展。而由于合伙人以前所从事的行业都是评估师，他们对评估事业充满热爱，因此，彼此合伙成立资产评估事务所，对他们而言，目的不仅仅是为了赚到钱，更重要的是，他们从此拥有了一份自己的事业。

正因为如此，苏州华衡资产评估事务所成立后，尽管时间较短，但通过几位合伙人的共同努力、共同经营，发展得十分迅速，业务不断地增加与扩大。而所有这一切，均缘自成立之初，徐兆林在选择合伙人时，对目标合伙人的准确定位。

专业点评

1. 创业者在寻找普通合伙人时，一定要多从合伙企业的事业发展角度出发，寻找那些真正能与自己同舟共济的合作伙伴，因为普通合伙人，是需要对合伙企业承担无限连带责任的。

2. 如果创业者是带着项目或技术去寻找合伙人，千万不能因资金短缺而过于看重合伙人的资金。要知道，那些看重其项目或技术发展前途的资金合伙人，往往要比纯粹以盈利为目的的资金合伙人更为可靠。

5.1.2 有限合伙中的合伙人选择

在合伙企业中，由于有限合伙企业与普通合伙企业存在着不同性质的合伙人承担义务，因此，创业者若想成立一家有限合伙企业，首先应当确定至少一个普通合伙人，然后再去寻找有限合伙人。而在有限合伙企业中，有一个较为显著的特点，那就是普通合伙人出资比例往往不高，甚至只有1%，可普通合伙人却要承担无限连带责任；而有限合伙人总体出资比例往往较大，有时甚至高达99%，但有限合伙人只承担以出资额为限的有限责任。

普通合伙人	
至少一个	出资不高，承担无限连带责任

＋

有限合伙人	
可多个	出资最高达99%，承担以出资额为限的有限责任

⇩

有限合伙企业	
至少一个普通合伙人	多个有限合伙人

由于有限合伙企业的这些特殊性，因此更适合风投机构，因为风投机构往往以其在投资领域的专长，加上较少的资金，以普通合伙人的身份出现，而有限合伙人则往往以购买基金产品的普通投资者，或是其他欲做投资的企业的形式出现，从而形成了有限合伙企业。

因此，创业者若要成立有限合伙企业，往往自身会充当普通合伙人，而寻找合伙人的过程，多数是在寻找投资的有限合伙人。这也就要求，在成立有限合伙企业时，那些有限合伙人必须拥有更多的资金，或有着较强的投资需求。

知识链接

什么是风险投资

风险投资的英文是Venture Capital，简称VC，在中国是一个约定俗成的具有特定内涵的概念，将其称为“创业投资”更为准确。广义的风险投资，指一切具有高风险、高潜在收益的投资；狭义的风险投资，则是指对以高新技术为基础，生产与经营技术密集型产品的企业的投资。根据全美风险投资协会的定义，风险投资是指由职业金融家投入新兴的、迅速发展的、具有巨大竞争潜力的企业中的一种权益资本。

从投资行为的角度来看，风险投资是把资本投向存在失败风险的高新技术及其产品的研究开发领域，目的在于促使高新技术成果尽快商品化、产业化，从而获得高资本收益的一种投资过程。从运作的方式来看，是指由专业化人才管理下的投资中介，向具有高潜能的高新技术企业，投入具有高风险的资本的一个过程，同时也是在协调风险投资家、技术专家与投资者的关系，是一种利益共享、风险共担的投资方式。

国外著名的风险机构有红杉资本、黑石集团等，均为合伙制企业，而中国自《合伙企业法》修订后，很多风投机构大多以有限合伙企业的形式出现。

经典案例

2016年，北京三联虹普新合纤技术服务股份有限公司公布了一则公告，称为了促进大数据与纺织产业的融合发展，提升自身在纺织产业的服务能力，决定成立宁波金侯民生产业投资有限公司与宁波金侯联盟民生产业投资合伙企业（有限合伙）。

宁波金侯民生产业投资有限公司为北京三联虹普新合纤技术服务股份有限公司的一家子公司，其目的在于当宁波金侯联盟民生产业投资合伙企业（有限合伙）成立时，作为普通合伙人的身份出现，也就是北京三联虹普新合纤技术服务股份有限公司将以投资子公司的独立身份去组建有限合伙企业。

在成立宁波金侯民生产业投资有限公司时，北京三联虹普新合纤技术服务股份有限公司便为此开始寻求合作伙伴，而作为未来宁波金侯联盟民生产业投资合伙企业（有限合伙）成立时的普通合伙人，公司要承担无限连带责任。

这时，义乌华鼎锦纶股份有限公司与恒逸石化股份有限公司、金电联行（北京）信息技术有限公司等企业，出现在了北京三联虹普新合纤技术服务股份有限公司的眼前。其中，义乌华鼎锦纶股份有限公司是一家国家火炬计划的重点高新技术企业，专业从事高品质、差别化民用锦纶长丝的研发、生产和销售；恒逸石化股份有限公司是一家上市公司，它是全球领先的精对苯二甲酸和聚酯纤维的制造商；金电联行（北京）信息技术有限公司是一家一直致力于信用信息挖掘与应用、信用融资服务的新金融企业。

从利益关系上讲，金电联行（北京）信息技术有限公司拥有融资的能力，可以作为未来合伙企业的资金依靠，而义乌华鼎锦纶股份有限公司与恒逸石化股份有限公司这两家公司与北京三联虹普新合纤技术服务股份有限公司有着行业技术合作的潜能，并且这两家公司同样有着融资需求。因此，在成立宁波金侯民生产业投资有限公司时，北京三联虹普新合纤技术服务股份有限公司选择了与这三家公司合伙，同时，合伙四方以平均出资2500万元、各占总投资额的25%的形式成立新公司。

其后，在成立宁波金侯联盟民生产业投资合伙企业（有限合伙）时，宁波金侯民生产业投资有限公司作为普通合伙人，拟以货币的方式认缴出资100万元，出资比例仅为1%；恒逸石化股份有限公司为有限合伙人，以货币的形式认缴出资5950万元，出资比例为59.5%；义乌华鼎锦纶股份有限公司同样为有限合伙人，以货币的方式认缴出资3950万元，出资比例为39.5%。

如此一来，宁波金侯联盟民生产业投资合伙企业（有限合伙）则宣告成立，而这一合伙企业在成立时，北京三联虹普新合纤技术服务股份有限公司联合了义乌华鼎锦纶股份有限公司、恒逸石化股份有限公司、金电联行（北京）信息技术有限公司这三家相关公司，先成立了宁波金侯民生产业投资有限公司，接着又以宁波金侯民生产业投资有限公司普通合伙人的身份，以1%的股份出资，联合恒逸石化股份有限公司与义乌华鼎锦纶股份有限公司两个有限合伙人99%的股份出资，共同完成了宁波金侯联盟民生产业投资合伙企业（有限合伙）的融资，使公司从长远利益出发，实施了产业联合与融资。

专业点评

1. 创业者或是企业在实现重新起步，以及布局未来发展时，如果成立有限合伙企业，只有先确定了普通合伙人的身份，才能去寻找有限合伙人。

2. 对于以风投机构作为普通合伙人的有限合伙企业，在选择有限合伙人时，应当以自身的成功投资案例、经历为宣传点，因为只有以往经营的较好战绩，才能吸引到更多的投资者。

5.2 合伙企业成立时需要明确的要素

5.2.1 树立企业宗旨

企业宗旨，是关于企业存在的目的，或是企业对社会发展的某一方面应当做出的贡献的陈述，也叫企业使命，是一种对企业去执行或打算执行的活动的规定，以及对企业类型的期望。企业宗旨往往是对企业生存的一种肯定，也是企业在遇到资金或技术等困境时寻求合伙人的有力支持，尤其是当以技术或项目为优势来寻找资金合伙人时，企业宗旨往往起着重要的支持作用，因为每一个企业都有其独特的生存理由。因此，创业者在寻找合伙人时，一定要重点宣讲合伙企业的企业宗旨。

知识链接

企业宗旨有什么作用

（1）通过企业宗旨的确定，以确保企业有一个重心。

（2）用企业宗旨来规范员工，使企业员工行为与企业宗旨保持高度一致。

（3）企业宗旨可以提供分配资源的基础或标准。

（4）以企业宗旨为基础，建立企业环境或企业文化。

（5）企业宗旨有助于将企业的目标分解为工作结构，并通过企业组织部门分配任务。

经典案例

品途网是一家O2O的专业研究与服务机构，2012年10月才开始成立与运营。

目前，品途网已成为家喻户晓的网络媒体，并被外界称为“中国O2O第一媒体”，但在最初创业时，其创始人刘宛岚却在寻求创业合伙人时费了不少周折。之前，她一直在跨国企业里工作，如今却要经营一家“互联网+媒体”，这无异于是让投资天使绕路走。

创业之初，因资金有限，刘宛岚选择了宋家庄里的一处偏僻民宅，并选择了彭成京、张建全、吴梅梅等几人加入自己的创业团队。同时，确立了企业的宗旨：为有志于O2O方向的创业者和期望使用O2O提升其经营效果的商家服务。

在这一宗旨指引下，品途网上线运营了。刘宛岚和彭成京、张建全、吴梅梅等几人就这一企业宗旨，开始了具体的分工负责，且很快在线上搭建了一个学习交流的平台。同时，品途网还成功组织了多次线下沙龙、晚餐会，以及O2O训练营等活动，成功建立了线上的O2O企业伙伴关系，并为线下那些传统企业提供互联网化咨询和相关技术服务。

在多年的发展中，品途网始终以“为有志于O2O方向的创业者和期望使用O2O提升其经营效果的商家服务”为宗旨，帮助很多线上企业与线下的传统企业实现了商业转型，并成功实现了融资。

同时，也正是刘宛岚当初制定的这一企业宗旨，不仅留住了彭成京、张建全、吴梅梅等几位创始人，让他们均以这一企业宗旨为自身发展的宗旨与目的，还吸引了不少人才进入品途网，使得品途网成了当之无愧的“中国O2O第一媒体”。

专业点评

1. 创业者在与合伙人成立企业时，一定要树立起实质性的企业宗旨，用以规范企业的管理，形成创业团队的核心竞争力。

2. 企业宗旨在规范企业自身发展的同时，也会让企业逐渐形成独有的企业文化，这有助于企业进一步的发展与提高，如惠普公司的“惠普之道”，它已成了众多企业研究与学习的企业文化标杆。

5.2.2 建立核心团队

团队就是由两个或两个以上的，相互作用、相互依赖的个体，为了一个特定的目标，按照一定规则结合在一起的组织。

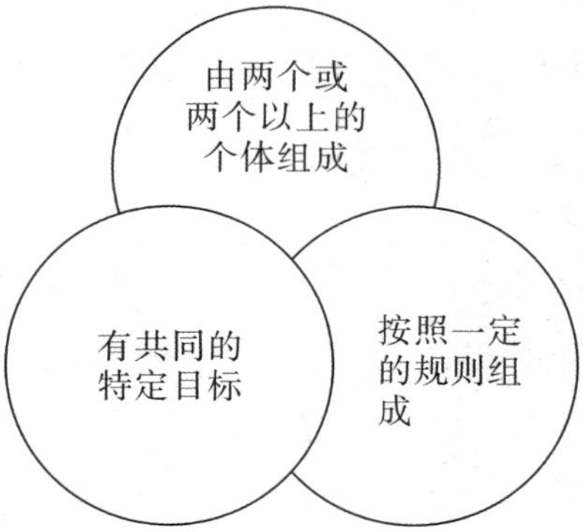

团队在企业的构成中起着十分重要的作用，尤其是对于那些缺资金的创业者来说，若想找到投资合伙人，就必须拥有一个核心的团队作为支持。因此，创业者在创业初期时，就必须着力打造出核心的团队，因为只有拥有了核心的团队，投资合伙人才敢于投资。

知识链接

团队构成的要素有哪几个

一、目标

团队应有一个既定的共同目标，也就是企业的目标，从而为团队成员导航——团队成员合力实现这个共同目标。

二、人

人是构成团队最核心的力量，两个或两个以上的人就能够构成团队。目标是通过人员具体实现的，因此，团队成员的选择，是团队中非常重要的一个部分。

三、定位

团队的定位有两层意思：

1. 团队在企业中处于什么位置，由谁选择和决定团队的成员，团队最终应对谁负责，团队采取什么样的方式来激励下属。

2. 团队成员在团队中扮演着什么样的角色，是制订计划者，还是具体实施者或评估者。

四、权限

团队中领导人权力的大小，与团队的发展阶段相关。通常，团队越成熟，领导者拥有的权力相应越小，只有在团队发展的初期阶段，领导权才相对比较集中。

五、计划

1. 目标最终的实现，需要一系列具体的行动方案，因此，应当把计划理解成实现目标的具体工作程序。

2. 提前按计划进行，这样能够保障团队实现目标的进度。只有在计划的指引下，团队才会逐渐贴近目标，并最终实现目标。

经典案例

唯品会是一家专门做特卖的网站，成立于2008年，在中国开创了“名牌折扣＋限时抢购＋正品保障”的创新电商模式，并一直在持续深化为“精选品牌＋深度折扣＋限时抢购”的正品特卖模式。其在线销售的产品包括服饰、鞋包、美妆用品、母婴用品、居家用品等各类名品。

然而，鲜有人知，唯品会的创始人沈亚在创办唯品会前，曾经在商海沉浮多年，从事的是通信器材外贸领域。后来他去了长江商学院深造，并将他的朋友洪晓波拉了进来，因为他们希望找到新的发展方向，而商学院的平台和人脉可能会给他们带来帮助。

商学院的平台和人脉并没帮到他们，但是给了他们一个偶然的机遇。

这天早晨，正在吃早餐的洪晓波，无意中看见妻子在一家法国电商网站 Vente-privee. com 上购买打折的名牌服装，这家网站的特点是几乎囊括了所有的世界名牌，并且均有折扣，只是需要在规定的时间内去抢购。洪晓波顿时有所感悟，将这家国外网站的运营模式告诉了沈亚。

沈亚即刻做出判断，这种方式或许在中国会有长远的发展，因为互联网传入中国后，中国的电商大多都是从国外电商的运营模式中得到启发，并创新发展的。于是两人一拍即合，经过3个月的调研后，他们租下了广州荔湾信义会馆1200平方米的办公室，正式合伙创立了唯品会。

沈亚与洪晓波的这种合作，其实就是唯品会最初的团队合作，只不过，在这个团队中，他们两人即是唯品会管理和运营的核心团队成员。在组建了唯品会最初团队的基础上，两人又制定了唯品会的未来发展目标，以“精选品牌＋深度折扣＋限时抢购”为发展运营模式，并确保所卖的产品是“名牌＋正品”。

经过多年的经营，运营团队得到了扩展，唯品会也成了一家专门做特卖的网站。而对于所有这一切的成功，当初沈亚与洪晓波合伙时所建立的团队厥功至伟。

专业点评

1. 创业者在企业初创时期寻找合伙人时，一定要选择那些真正能够与自己组成团队的核心人物，这样才能确保其后的合作愉快，并确保企业在核心人物的指导下，逐渐发展出具有不同作用的核心团队。

2. 创业者合伙时的团队，往往不会过于计较企业一时的得失，因为他们更为关注的是企业未来的发展，以及怎样才能发展到最佳状态，因此，创业者最初的团队常会成为今后企业实现壮大的基础。

5.2.3 确立合作关系

确立合作关系在创业者选择合伙人时尤为重要，如果创业者不及时确定与合伙人的合作关系，就极有可能会因此而失去一个好的合伙人。因此，只有尽早确立双方的合作关系，才能有助于日后企业的发展与壮大。

知识链接

什么是合作关系

合作关系，是指由两个或两个以上独立的成员之间形成的协调关系，这种关系的确立，通常能保证实现某个特定的目标或效益。

合作关系的确立，在于通过彼此的信息共享等途径提高经营水平，以降低成本，提高整个供应链的运作效率。因为随着市场需求不确定性的增强，合作的各方要尽可能削弱这种需求不确定性的影响和风险，所以，合作关系绝不能只考虑企业之间的交易价格本身，还有很多方面值得双方共同关注。

经典案例

聚美优品是一家网上化妆品限时特卖商城，创立于2010年3月，其前身为团美网。团美网的出现，首创了“网上化妆品团购模式”：每天该网站都会推荐十几款热门的化妆品。直到半年后的2010年9月，团美网才正式全面启用了“聚美优品”这一新品牌，并启用了全新的顶级域名。

这样一家出现时间不长、却快速崛起的网站，其成功的关键在于创始人陈欧以及其几位合伙人，如早已被大家熟知的原始创始人刘辉与戴雨森。

陈欧与刘辉的相识，还是陈欧在新加坡读大四的2006年，当时是陈欧第一次创业，他与刘辉仅仅靠着一台笔记本，就合伙创办了在线游戏的对战平台GGgame。尽管这一游戏平台的发展很迅猛，却由于两人认为这并不是他们理想的事业，于2009年卖掉了GGgame。

其后，陈欧便去了美国斯坦福大学读MBA。在斯坦福大学，陈欧又遇到了志同道合的戴雨森，于是即刻与戴雨森商定好，等毕业后两人一起创业，这得到了戴雨森的赞同。而在陈欧他们卖掉GGgame时，陈欧也没有忘记当初的合作伙伴刘辉，同样相约了今后仍要一起创业。

2009年7月，陈欧从斯坦福大学毕业，回国后，他以一个全新的项目，找到了已经2年没联系过的天使投资人徐小平。徐小平的工作一直是以资金的形式在寻找合伙人，早在2年前陈欧做在线游戏平台时，徐小平就表示过想给予其资金上的资助。虽然那次未能实现，但徐小平同样与陈欧约定过，今后有新的项目时一定不要忘了他。

果不其然，这一次陈欧带着新项目找到徐小平后，他当即向陈欧的项目投资了 18 万美元，同时还顺便给了陈欧的团队一套房子做办公场地。

此时，在陈欧的团队里，只有刘辉，但陈欧没有忘记还远在斯坦福大学进修的师弟戴雨森，经过沟通后，戴雨森竟然放弃了进修，只身回国，与陈欧他们一起开始了创业。

聚美优品上线后，其间出现资金不足时，徐小平又追投了 20 万美元。在 2014 年 5 月 16 日，聚美优品在纽交所成功挂牌上市。前后仅仅 4 年的时间，作为资金合作关系的徐小平，一共投资了聚美优品 38 万美元，但是，聚美优品在纽交所的上市，却给他带来了高达 800 倍的收益。

不管是作为以技术与管理见长的创业合伙人戴雨森或刘辉，还是以资金合伙的徐小平，或是其后聚美优品融资过程中先后出现的资金合伙人红杉资本、险峰华兴等几家风投机构，都是陈欧在遇到合适的合作伙伴时，当即与对方确定了合作关系。当然，在聚美优品这一项目中，他们也均获得了丰厚的收益，实现了皆大欢喜的多赢局面。

可见，当双方有了合伙的意向时，一定要及时将这种合作关系确立下来。

专业点评

1. 不管是合伙的哪一方，在彼此有了决定合伙的意向时，就应及时将这种合伙关系确立下来，这样投资合伙人才不会错失投资机遇，同样，创业者才不会失去推动企业发展的核心团队成员。

2. 在创业者最初寻找合伙人时，机会往往是均等的，只有自己的项目好，才能引来资金的青睐。同样，资金机构哪怕钱再多，投不到好的项目同样也无济于事。因此，当项目方与资金方或是技术方与技术方达成一致后，一定要及早确定合伙关系，才能够成功地合伙。

5.2.4 制订可持续发展的战略规划与实施步骤

创业者在成立合伙企业前，一定要明确企业未来的发展，既要适应当前的经济发展需求，又要有持续发展的规划与实施步骤。这样，成立的合伙企业才能够在长远目标的指导下，实现按部就班的正常运行。简单而言，就是创业者在成立合伙企业时，必须要有一份详细的创业计划书。

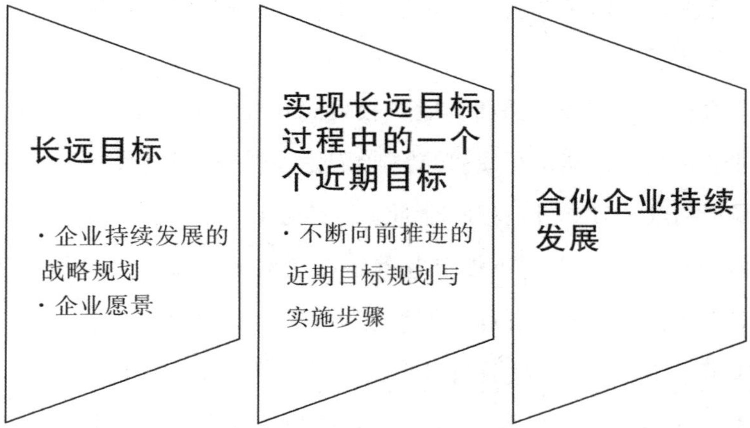

知识链接

制订企业战略规划需要注意什么

企业制订战略规划的主要目的，就是制订企业的长期目标，并将其付诸实施，所以，企业在制订战略规划时，应当有具体的实施步骤。比如，在确定长远目标后，还要制订为达到目标所做出的应对各种变化的方式方法；再考虑使用什么方法、手段、措施来达到这个目标。

嘉强顺风（深圳）股权投资合伙企业成立于2013年8月12日，是一家有限合伙企业。该公司成立时，普通合伙人中信资本就制订了公司的战略规划：成为中国富有实力的投资公司，如像红杉资本中国基金、北京软银赛富投资顾问有限公司等那样的中国投资大鳄。

为了实现这一长远目标，嘉强顺风（深圳）股权投资合伙企业在成立之初，其合伙人便制订了一个个详细的小目标与具体的实施步骤，比如，企业之所以以合伙企业的方式出现，是因为国家对合伙企业在税收上有优惠。

其次，嘉强顺风（深圳）股权投资合伙企业还制订了一份更为实际的业务规划，那就是在最初的创业阶段，主要以投资股权为主。为了能够像当初红杉资本投资雅虎时那样，实现几十倍的投资收益，嘉强顺风（深圳）的合伙人就将投资范围定在了对未上市企业的股权投资，或是对上市公司非公开发行的股票进行投资。

未上市企业，是那些具有潜力的新三板挂牌或即将上市的企业。嘉强顺风（深圳）股权投资合伙企业通过规范这些企业，推动其上市，之后获得数十倍甚至上百倍的收益；或是购买上市公司中的定向增发的股票，这些股票因有锁定期，价格相对比二级市场上的要低。

同时，为了获得投资资本，企业的普通合伙人中信资本又推出了私募基金嘉强顺风，很快完成了24.4亿元的募集。如此一来，嘉强顺风（深圳）股权投资合伙企业便拥有了对外投资的资本。

在不断投资那些未上市的高科技企业的同时，2016年2月，嘉强顺风（深圳）股权投资合伙企业又斥巨资投资了快递行业的老大——顺丰快递。同时，投资顺丰快递的还有元禾顺风股权投资企业、深圳市招广投资有限公司、苏州古玉秋创股权投资合伙企业，而这四家投资公司所购买的顺丰快递的股份达到了24.5%。顺丰快递也因此发生了股权变化，人事上也做了相应的调整，虽然王卫仍任董事长，但嘉强顺风（深圳）股权投资合伙企业却派代表于国强出任了总经理的职务。

然而，作为资金合伙人嘉强顺风（深圳）股权投资合伙企业，其入主顺丰快递的目的性极强，那就是要力推顺丰快递的上市。而顺丰快递也在接受了四家投资机构的注资后，向中国证监会提交了申请，欲在A股上市。

嘉强顺风（深圳）股权投资合伙企业的意图很明显，是普通合伙人中信资本借私募基金嘉强顺风的发行来投资顺丰快递，从而实现中信资本做强、做大的目的。

专业点评

1. 合伙企业在制订企业战略发展计划时，不仅要制订出能可持续发展的战略计划，同时，还必须制订出相关的具体实施步骤。计划再好，还是要靠具体的步骤去一点点地实施。

2. 合伙人在制订合伙企业的战略发展计划时，一定要根据自身的能力，制订出切实可行的发展计划与实施步骤，以推动合伙企业成立后持续发展。

5.2.5 普通员工的待遇

创业者在成立合伙企业前，一定要与合伙人制订一份关于企业运营后普通员工的待遇方案，因为不可能所有的合伙人各负责企业的某一方面工作即可，在企业的实际运营中，仍需要员工们去完成许多相关工作。因此，尽管合伙企业是合伙人创业的初创企业，却同样要先制订好普通员工的待遇方案，以免企业在运营过程中招到了优秀的员工，却留不住他们。

知识链接

什么是创业计划书

创业计划书，既是创业者叩开投资者大门的敲门砖，又是创业者计划创立的企业在业务方面的书面摘要。因此，创业计划书是一份全方位展示创业者对未来企业发展的规划的商业计划书，主要用途是递交给投资合作人，以便于对方能够对企业或项目做出合理的评判，从而令创业者获得资金的支持。

此外，创业计划书还可用以描述与拟创办企业相关的内外部环境条件，能为拟创办企业业务的发展提供一份指示图，以及用于衡量拟创办企业的业务进展情况。通常，创业计划书是结合了市场营销、财务、生产、人力资源等职能计划的综合书面表达。

经典案例

1996 年 6 月，“秋水伊人形象设计店”在杭州市西溪路 56 号诞生。次年 2 月，其又在杭州西溪路注册为公司，并开办工厂，大量生产秋水伊人品牌成衣。通过多年的努力以及探索和发展，这一来自《诗经》中的“秋水伊人”，已经成了一个重要的女性服装品牌。

在 2010 年宋慧乔成为秋水伊人的品牌代言人后，为了公司的发展能够充分调动起员工的积极性，扩大公司的产品销售，同时留住人才，公司决定实行合伙制，即对旗下的专卖店，实行员工入伙的制度：普通员工在原工资待遇不变的情况下，只需另出资 1 万元，便可拥有店铺 20% 的股份。

“秋水伊人”是浙江印象实业股份有限公司旗下的重要品牌，因此公司决定对旗下专卖店铺实施合伙制。这样做是为了在现实雇佣制的前提下，提升专营店铺的业绩，同时对员工的待遇进行“上不封顶”的激励。如此一来，包括“秋水伊人”品牌及其他旗下品牌的店铺，公司均以这种店铺合伙制的方式来执行。

店铺合伙制实行后，浙江印象实业股份有限公司旗下的店铺业绩出现了成倍翻番的增长，同时也成就了普通员工的创业梦想，大部分的店铺员工不包括工资，仅年分红就能达到数十万元，这使企业和员工达到了双赢的局面。

专业点评

1. 普通员工是合伙企业中战斗在最基层的人员，如果企业制订不出留得住他们的待遇方案，那么势必会影响到其工作的积极性，从而会影响到整个企业的发展。

2. 创业者在成立合伙企业时，不仅要规范合伙人的权利与义务，同时也要对普通员工的权利与义务进行规范。这样，更有利于企业挖掘出员工最大的潜力。

5.3 申请合伙企业的程序

5.3.1 合伙企业名称核准及注册登记

合伙人在找到合作伙伴并决定成立合伙企业时，其名称需要到工商行政管理部门进行预先核准，这一点和公司名称的预先核准办法一样，都是按照《企业名称登记管理规定》来执行的，但名称中不能使用“公司”等字样。如果成立的是有限合伙企业，还应当在全称中注明“有限合伙”的字样；如果成立的是特殊普通合伙企业，一样要在名字中注明“特殊普通合伙”。

合伙企业在注册名称预先核准时，应当提交的文件与证件有以下几项：

（1）企业名称预先核准申请表。申请表大致相同，申请人可向当地工商行政管理部门申请，然后认真填写，而通常在企业名称一栏内，需要填写一两个备用的名称，作为第一名称已占用时的备用。

（2）委托书。委托书需附上被委托人的身份证复印件。委托书上应注明申请人的名字，即所有合伙人需要在委托书最后的申请人一栏签名，同时附上每个合伙人的身份证复印件。

（3）所有合伙人的身份证明。身份证明是指能够证明合伙人身份的有效证明件，如：身份证、护照、户口簿等，军官证、警官证、士兵证等同样为有效身份证明，但由于国家禁止现役军人、警务人员申请企业，因此这些特殊身份的人是无法申请合伙企业的。

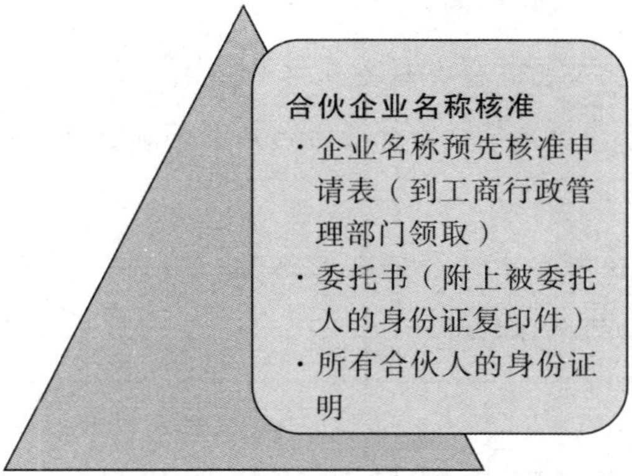

其次应当注意的是，申请合伙企业的申请人必须为有完全公民权利的人，如果是因触犯国家法律而正处于服刑期的人员，是没有这个资格的。

合伙人在成立合伙企业时，应当准备好相应的材料，并根据合伙企业名称预先核准申请的要求，多起几个合伙企业的名称，以免出现名称已占用时需要再次提交核准。

在合伙企业通过名称核准后，则应当按要求交纳相关的费用，再到指定地点办理注册登记，其后即会收到相关的营业执照正、副本等文件。

申请合伙企业时，因各地工商行政管理部门的要求略有不同，合伙人应按当地工商行政管理部门的不同要求进行办理，并及时咨询。

当申请人拿到了合伙企业的相关营业执照正、副本等文件后，方可凭借这些执照到国家指定的刻章店去刻公章，然后方可去银行开设合伙企业的资金账户，并以合伙企业的名义经营企业和对外开展经营活动。

专业点评

1. 合伙人在进行合伙企业名称核准时，一定要多起几个备用的名称，以免第一名称被占用后需要再次提交申请，耗费申请时间。

2. 合伙人在申请合伙企业名称核准时，一定要按要求，带齐所需要的全部材料。

5.3.2 申请登记合伙企业的分支机构

若创业者申请成立的是一家合伙企业的分支机构，那么，应当先办理合伙企业分支机构名称的预先核准登记，此时应当参看《企业名称登记管理规定》中的相关内容。

1. 合伙企业分支机构设立登记时应当提交的文件、证件：

（1）企业设立登记申请书（包括企业设立登记申请表、负责人登记表、企业经营场所证明等）。

（2）企业名称预先核准通知书与预核准名称投资人名录表。

（3）指定（委托）书。

（4）提交加盖企业公章的合伙企业营业执照复印件。

（5）经营范围涉及前置许可项目的，应当提交有关审批部门的批准文件。

特别注意：

分支机构的经营范围不得超出隶属企业的经营范围。

2. 合伙企业分支机构变更登记时应当提交的文件、证件：

（1）企业变更（改制）登记（备案）申请书，内含企业变更（改制）登记申请表、负责人登记表、企业经营场所证明等，根据不同变更事项填写相应内容。

（2）全体合伙人签署的变更决定书或者变更事由的证明文件。

（3）指定（委托）书。

（4）营业执照正、副本。

变更登记事项应提交的其他文件、证件，可参考合伙企业变更登记。

特别注意：

法律、行政法规和国务院规定变更登记事项前需先办理许可文件的，应在办理变更登记时一并提交相关的许可文件。

3. 合伙企业分支机构注销登记时应当提交的文件、证件：

（1）企业注销登记申请书。

（2）指定（委托）书。

（3）营业执照正、副本。

因未参加年检被吊销营业执照的合伙企业分支机构办理注销登记时，应一并办理解除负责人警示限制的手续。提交文件、证件如下：

（1）企业注销登记申请书，注销原因注明“因未参加年检依法被吊销营业执照，申请办理注销登记。申请解除负责人×××的警示限制”。

（2）全体合伙人签署的分支机构债权、债务清理情况及税款、职工工资完结情况的说明。

（3）指定（委托）书。

（4）营业执照正、副本。

4. 其他登记时应当提交的文件、证件：

因执照丢失、损毁申请补发执照：

（1）指定（委托）书。

（2）分支机构负责人签署的情况说明。

（3）公开发行的报刊上登载执照挂失作废声明的报样。

（4）增（减、补）证照申请表。

申请增发执照副本：

（1）指定（委托）书。

（2）增（减、补）证照申请表。

（3）原营业执照副本。

特别注意：

（1）设立登记的，应由个人独资企业投资人或合伙企业合伙人之一办理登记手续。变更登记时，可委托企业职工办理登记手续。

（2）如果委托有资格的登记注册代理机构办理，应提交加盖该代理机构公章的代理机构营业执照复印件、指派函、委托书、代理人员的资格证明及身份证明。

专业点评

1. 合伙人在进行合伙企业分支机构注册时，应当向所办分支机构的归属合伙企业索要相关证件及相关的注册材料文件。

2. 合伙人在进行合伙企业分支机构注册时，如委托机构办理，一定要写一份书面委托书，并提交办理注册所需的资料。

第六章

投资合伙制企业

——不是有钱就能随便投

参与合伙企业，尤其是参与投资性的合伙企业时，并不是你有钱就能随便参与的，因为合伙企业在不同的商业运营模式之下，有着不同的投资策略与方式，并且不同的投资方式，也会存在不同的风险。明白了风险所在，你的投资合伙才能做到有的放矢，从资金入伙中获得收益。

6.1 投资的不同方式

6.1.1 资金投资合伙企业

资金投资合伙企业往往有两种表现形式：一是以资金入股的方式，这种情况往往会以新合伙人入伙的形式来对待；二是以有限合伙人的身份投资合伙企业的理财产品，如投资其基金等入伙。

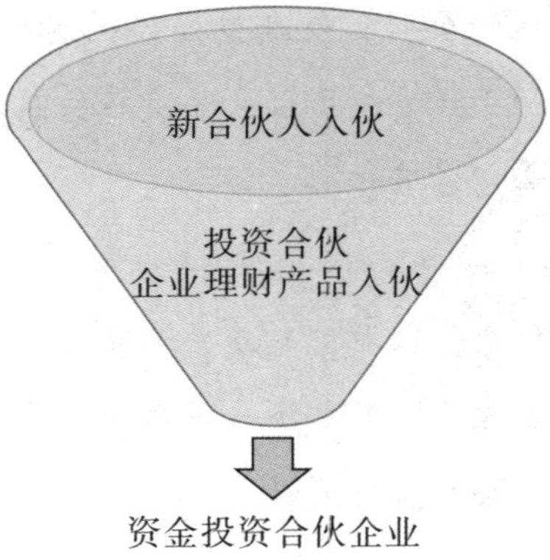

相对而言，在现实中出现较多的是第二种形式。因为国家对合伙制形式企业的放开，以及在税收上给予的优惠，加上投资者对投资品种的迫切需求，短时间内，很多投资机构在成立时多数都是以合伙企业的形式出现的，因此作为一种投资行为，普通的投资者大多参与的是一种投资合伙企业的私募或公募产品。

知识链接

投资理财产品时应当注意什么

（1）投资收益率

不同的理财产品，其收益率是有差别的，因此，投资者在购买个人投资理财产品前，必须先弄清收益率。如当前的余额宝、余利宝等互联网理财产品的具体收益率是多少？需了解后才能进行相关投资。

（2）资金流动性

在选择理财产品时，还要考虑我们的资金流动性。若理财资金是受到时间限制的，我们可以选择那些短期的产品，如余额宝中可随时提现的产品，或是3个月、6个月的短期理财产品。

（3）手续费

不管是银行还是保险公司，或是投资公司的理财产品，在购买时，大多数都要收取一定的手续费。所以，手续费的高低也成了投资者选择何种理财产品的一个考虑因素。

（4）本金的保证

在购买个人投资理财产品时，对本金的保证是必不可少的要求，因为有不少理财产品收益虽高，却并不是承诺保本的。因此，理财产品是保证收益型还是保本浮动型，购买前一定要先弄清楚。

（5）产品投向

这关系到投资者的资金安全，如果根本不知道自己的钱花在了什么地方，如何能够放心？尽管很多投资者对理财产品的投资方向通常都没有具体的了解，但最起码应该知道，自己投出去的钱是被投在了什么方面。

（6）风险控制

风险和收益总是成正比的，凡是收益率高的理财产品，其风险性往往也很高，有的产品最高收益率甚至能达到10%以上，但是不保本的。因此，投资者在购买理财产品前，一定要充分了解其风险性，然后再根据喜好去投资。

经典案例

青岛葳尔创业投资企业（有限合伙）（以下简称“青岛葳尔”）是中国北方第一家有限合伙制股权投资基金，成立于2007年，是由葳尔资本作为普通合伙人成立的。它成立后，企业一直坚持价值与成长的投资原则，积极挖掘最具潜力的高科技、新商业模式、消费品牌和连锁等各类高成长企业，并帮助它们快速成为行业龙头。

可以说，青岛葳尔一直都专注于股权投资。大多数的投资合伙企业，更为关注新三板的挂牌企业，甚至有的投资公司，在企业还未于新三板市场挂牌时就已经介入。对于这些潜伏在新三板的高科技挂牌企业，一旦实现成功转板，其股价往往会出现数倍的增长。其次，投资合伙企业也喜欢参与上市公司的定向增发，这就需要企业在低位时参与，而在持有公司股票的锁定期到后，运用二级市场上的资金对股价进行炒作，而后大举抛出手中持股。

然而，不管这些投资合伙企业如何运作，都要掌握一定的资金。这些资金的来源，则往往是通过与银行合作，由银行以托管的方式来发行私募基金。青岛葳尔正是这样，自2009年起，它相继推出了四期葳尔资本·优势成长基金，其中：第一期规模达1.48亿元；第二期是在2010年与浦发银行联合推出的，高达1.605亿元；第三期依然是与浦发银行联合于2011年推出的，高达1.16亿元；第四期是在2011年10月与东海证券联合推出。

在第四期葳尔资本·优势成长基金中，青岛葳尔的投资目标被定为：高成长行业中具备上市条件或潜力的优势龙头企业。青岛葳尔投资的主题定在节能减排、消费服务业连锁、新能源、新材料、生物医药等领域中的高成长、创新型企业。青岛葳尔还设定了以组合投资为主，以及具体规定了对单个项目的投资不超过成长基金总额的30%等事项，预计收益5倍以上。青岛葳尔同时与投资者签订了回购协议，回购年利率在8%～15%，回购期不超过投资合伙企业的成长经营期限。另外，青岛葳尔还规定了企业早期和中后期的投资比例与收益，并对单一企业的投资年限做了说明，不超过5年，退出时间为企业IPO后。

作为普通合伙人的葳尔资本认购了其中的1000万份，有限合伙人即为普通投资者，只需按照约定，到企业指定的银行开户，即可按照要求去认购基金的份额。

同时，青岛葳尔还列出了前几期基金推出的情况，以及青岛葳尔投资企业后的成功案例。比如，青岛葳尔投资的青岛软控，是在2001年投资的，当时企业还未上市，但2006年10月成功登陆深市中小板，葳尔资本也在随后的2007年成功退出，盈利高达50倍以上。

这些让投资者一目了然，使投资者在对企业过往的成绩有所了解的情况下，又对企业预计投资的行业及企业特点，还有投资的时间、收益等有了充分的了解，从而给投资者吃了一颗定心丸。

专业点评

1. 投资者在投资合伙企业时，除了以资金入股的方式入伙外，还可以以有限合伙人的身份购买其理财产品入伙，后一种方式应当对其理财产品进行深入的了解后再决定是否入伙。

2. 投资合伙企业的基金时，一定要了解其募集资金的限额，尤其是那些封闭型基金，因为如果募集的金额达到了预定的数额后，就会不再接受新的投资者。并且要分清自己购买的是开放式基金还是封闭式基金，因为封闭式基金有明确的存续期限（不得少于5年），在此期限内已发行的基金是不能被赎回的。

6.1.2　技术投资合伙企业

技术投资合伙企业，是指投资者在与企业合伙时，以其拥有的先进技术折算为合伙企业的股份入伙。这种形式在以技术为主的高新企业中较为常见，很多企业往往会看中企业外部人员所拥有的技术，以公司相应的股份为诱饵，将其拉入企业合伙人的行列。如果是企业内部技术人员，公司常会以股权激励的方式，无偿给予这些拥有高端技术人员一定比例公司股份的方式留住人才。

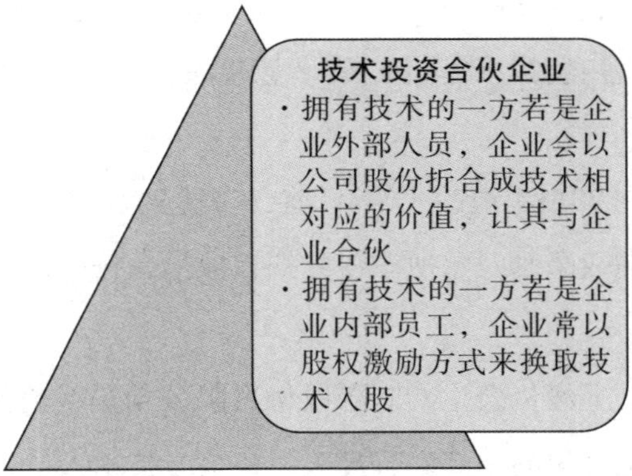

知识链接

什么是知识产权

知识产权，是指权利人对其所创作的智力劳动成果所享有的一种专有权利，通常，知识产权只在有限的时间期内有效。各种智力创造出的产物，如发明、艺术和文学作品，以及在商业中使用的标志、图像、名称与外观设计，都可以被认为是某一个人或组织所拥有的知识产权。知识产权的主要分类有：商标权、专利权、著作权（版权）等。

2014年2月，上海仁会生物制药股份有限公司通过股权激励方案，公司在有效期为自股票期权首次授予日起10年的时间内，分4次授予公司的股票期权，此次授予的股票期权总数为317万股，占当时公司股本总额的3.52%，股票来源为公司向激励对象定向发行的公司普通股股票。

上海仁会生物制药股份有限公司首次授予日是2014年2月24日，其授予的股票期权为76万份，行权价格为每股1元。同时，它还规定了此次行权条件：在2015年12月31日前获得“谊生泰注射液”生产批件、“谊生泰注射液”新药证书，“谊生泰注射液”通过GMP认证并获得相关证书。

另外，如在2015年12月31日前，未达到上述“三证齐全”的目标，那么首次期权激励对象所获得的期权数量，按一定比例进行折扣后分期行权。

经过筛选，上海仁会生物制药股份有限公司最终将激励对象定为7人，这7人都是公司的中高级管理人员或核心技术人员，他们均在公司工作满了6年，并且为公司主要产品“谊生泰”研究和开发做出过重大的贡献。

由此可见，上海仁会生物制药股份有限公司此次的股权激励，实际上是对公司管理人员、技术人员的一次捆绑式合伙，因为此时，公司正在申请在新三板挂牌，并打算进入资本市场后，利用资本市场的力量来发展企业。该公司是一家生物研究的药企，其产品“谊生泰”项目自立项后，一直处于研发状态，尚在国家药品审评中心的审评过程中。

从公司披露的业绩看，营业收入一直为零，可公司的产品“谊生泰”却是中国首个进入生产注册阶段的GLP－1（胰高血糖素样肽－1），且为全球首个具有全人源氨基酸序列的GLP－1类药物。换句话说，公司的产品一旦出产，其价值与销量是可期的，公司的未来成长与爆发空间都很大。由于公司所有相关的核心人员是公司成长的关键，因此公司在新三板挂牌前实行股权激励，显然是为了让公司高管、技术骨干以其技能入股合作，从而实现与公司的同步增长。

值得一提的是，“仁会生物”在新三板挂牌后，股价最高达每股83元的可喜成绩。

专业点评

1. 技术入伙的情况，往往是企业已经成立，并在很大程度上依赖于技术，才会以股价折价令核心技术人员入股或以股权激励的形式出现。尽管这种入伙可能形式上不属于入伙企业，但事实上也是员工以技术创业的一种常见方式。

2. 如果员工持有的技术具有很强的独立性，往往其入伙时的优势也更强。换而言之，企业给予的股份会更多。

6.2 了解合伙制企业的商业运营模式

6.2.1 风险投资中的有限合伙

在风险投资领域，由于公司制的约束较大，加上这些企业都是单一的投资企业，投资的多为处于初创阶段的高新技术企业，投资风险较大。因此，风投机构在投资这些高新企业时，大多采用了有限合伙制。

因为在有限合伙制中，风投机构可以作为普通合伙人出现，承担无限责任，同时，它还能以基金管理人的身份出现，在公司董事会的监管下实施管理，并且出资只需占全部资金的1%即可。此外，其对有限合伙人的补偿也较低，占到所操作基金的2.5%，而通常其基金

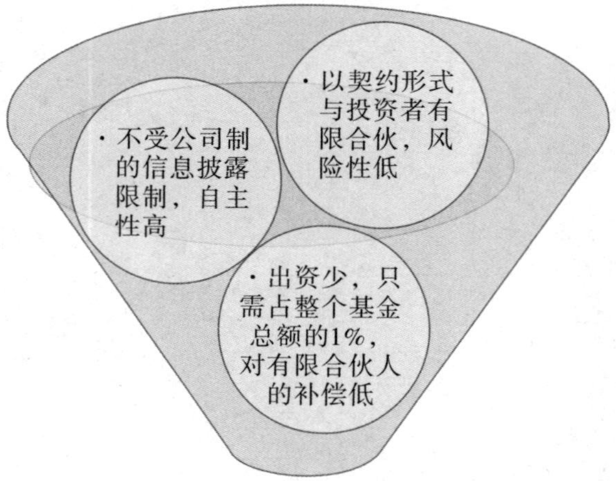

风险投资中采用有限合伙制的优势

的收益却在20%以上，所以，只需管理人员加倍地努力工作，即可达到高收益。

另外，有限合伙制中对信息披露也没什么要求，普通合伙人的自主性高，限制较小，与有限合伙人之间只是以一种契约的方式来实施激励与约束，形成委托与代理的关系，从而降低了风险。因此，很多风险投资机构都放弃了公司制，选择以有限合伙的形式进行运营。

知识链接

风险投资的特点是什么

（1）一种以投资换股权的方式，积极参与新兴高科技企业的投资。

（2）由专业人员周而复始地进行各项风险投资。

（3）投资风险大，回报高。

（4）投资对象一般为高科技、高成长潜力的新兴企业。

（5）追求投资的早日回收，不以控制被投资公司的所有权为目的。

（6）协助被投资公司经营管理，参与被投资公司的重大决策活动。

（7）与被投资创业者的关系，建立在相互信任与合作的基础上。

经典案例

洋河股份是一家在深交所中小板上市的公司，然而，其在2011年5月对外实行投资时，却选择了注册资本只有100万元的中金佳盟（天津）股权投资基金管理有限公司。这是为什么呢？因为该公司是一家投资公司，也就是风投机构。

双方在合作投资时，选择了成立一家有限合伙企业，即中金佳泰（天津）股权投资基金合伙企业（有限合伙），而未成立公司制企业。并且，有限合伙企业的目的十分明确，那就是在中国境内进行适用法律及经营范围所允许的股权及准股权投资，从而实现资本增值。

在这家有限合伙企业中，普通合伙人为洋河股份与中金佳盟（天津）股权投资基金管理有限公司，其发行的中金佳泰基金总募集金额高达50亿元，可中金佳泰（天津）股权投资基金合伙企业（有限合伙）却只出资3亿元来认购，尽管认缴出资比例超过了1%，但投资的资金仍然很少。

在中金佳泰基金的首期募集中，一期的募集资金超过10亿元，其规定的有限合伙人主要定位于民营企业和上市公司，投资门槛为5000万元。

虽然中金佳泰（天津）股权投资基金合伙企业（有限合伙）认购出资较少，却能募集到高达50亿元总额的资金，并且作为管理人员，因企业形式为有限合伙企业，所以不受公司制规定的信息披露限制。同时，还能与那些成为有限合伙人的民营企业或上市公司，以一种契约的形式建立合作，这大大降低了风险，管理人员只需努力把握投资机会即可成功。

专业点评

风投机构在有限合伙制这一体制下，可谓是如鱼得水，然而，相对于那些与其合作的投资者来说，风险却会进一步加大。

6.2.2 风险投资的阶梯式投资

风险投资的阶梯式投资，是指风投机构在投资某些企业时，采用分步骤的模式来逐级投资，而不是一次性将所有资金都注入目标企业。通常，这种投资方式有早期投资与成长发展期投资两个步骤。

这种阶梯式的分步投资，使得那些风投机构能有效控制投资的风险，因为他们所投资标的，通常都是一些高科技的新兴企业，尤其是那些新兴的虚拟现实概念的企业，其最初，很多都只有一个项目的构想，

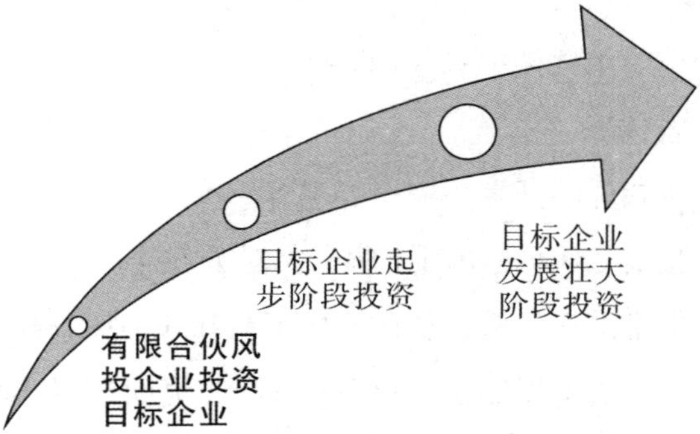

例如一个软件或是一种概念。所以，这种企业成立后，其项目是否能够顺利产出具有经济意义的商品价值，常常很难确定。正因为如此，风投机构的投资往往也是摸着石头过河，在完成初期投资后，再根据企业的商业运行情况，决定是否会继续投资。

知识链接

风险投资的类型有哪些

新的风险投资方式在不断出现，对风险投资的细分也就有了多种标准。根据接受风险投资的企业发展的不同阶段，一般可将风险投资分为四种类型：

（1）导入资本。

（2）种子资本。

（3）发展资本。

（4）风险并购资本。

经典案例

武汉大学毕业的5位“85后”创业者陈奕龙、姚化强、陈毅豪、张斯琪、王露，在2012年注册公司时，其中最大的当时只有27岁，最小的只有22岁，然而，正是这5个小伙伴，联手开发了一款基于事件因素的手机社交应用软件——“iHandle（‘小i’）”，这一软件又被称作“豆瓣陌陌合体”。

其实，这一软件的开发，完全是基于人们在网上社交的一个盲点，比如，如果在微信、QQ或陌陌上聊天，对方在个人资料中的内容往往很少，陌生人很难深入了解，从而造成了想和人搭讪却找不到合适话题的尴尬。陈奕龙的破解思路是“事件社交”，也就是用户只要标出自己的兴趣和想做的事，再找到附近有同样想法的人，就能够约在一起开展活动。

于是这款软件便诞生了。相对来说，陌陌是基于人的，要先有圈子后有活动；而“小i”是基于事件的，先有活动后有圈子。2012年，这5人成立了一家叫“星河博纳”的公司，并做好了具体的分工：陈奕龙是公司核心，负责产品与战略；姚化强是“技术派”，负责产品研发；张斯琪负责UI（用户界面）设计；陈毅豪和王露负责市场推广。同时，他们也明确了股权份额。

经过与风投机构的接触，“星河博纳”的这一项目得到了深创投的认可，深创投同意投资500万元。然而，“星河博纳”开发的这款软件，其核心与微信、QQ、陌陌等一样，所有的一切均基于用户量上，如果没有用户，一切都只是空想。

为了不放弃这一项目，同时又能把控好投资风险，深创投将这500万元资金的投资被分成两批实施：第一期投入100万元，使公司能够正常运转起来；而后深创投会考核，如果“星河博纳”通过了考核，那么深创投即会跟进剩下的400万元投资。

深创投的这种阶梯式投资，有些类似大家投网站的“投付宝”，但不管是哪一种形式，阶梯式投资方式都有效降低了深创投对这一项目的投资风险。

专业点评

1. 风投机构在投资企业项目时，往往并不是一次性就投入全部资金，有些是会明确指出投资数额及分批投入的情况；有些则是在先期投资后，当企业项目开始发展壮大时，再进行跟投。

2. 风投机构都有其特有的控制风险策略，比如他们在投资企业项目时，往往会对所投项目进行分析与研究，并派人员参与所投项目的某些决策。

6.3 投资有限合伙企业的策略与风险

6.3.1 有限合伙企业与风险投资

在有限合伙制下，风险投资商往往为普通合伙人，金融机构（如银行、证券公司、保险公司、信托公司）、退休养老基金组织、慈善和家族基金会等出资机构，则为有限合伙人，他们一起组成有限合伙企业。

按照责任约定，普通合伙人要承担无限连带责任，可能出现的损失按说应当比他们投入的资金要多，可实际上并非如此，因为风险投资商通常不用借贷，没有多于净资产的负债风险。他们只需投入占风险基金1%的自有资金，可是却能获得20%的收益；投入主要资金量的有限合伙人则获得其余80%的回报。

因此，有限合伙制的出现，其实已成为连接投资者与高科技企业的中介或桥梁，使这些高科技企业得到资金，实现发展壮大的目的，而出资的合伙人也能因投资获得高科技企业快速成长所带来的收益。

然而，成也萧何，败也萧何。在有限合伙制的这种企业制度下，最大的风险即是风险投资商。因为他们是普通合伙人、资金管理及投资执行者，由于有限合伙企业在信息披露等制度上的空缺，使得有限合伙人虽有监督的义务，但实际上却多未执行义务而坐享其成。因此，风险投资商在“专权”之下，任何一个投资决策上的失误，都会直接构成致命的损失，尽管这种情况极少发生。

可见，普通投资者在参与风投机构为普通合伙人的有限合伙企业时，应当看清其中的利弊后再去选择。

知识链接

什么是天使投资及天使投资人

天使投资，是权益资本投资的一种形式。它是指具有一定净资产的机构或个人，对具有巨大发展潜力的初创企业进行早期的直接投资，这属于一种自发而又分散的民间投资方式。开展这种投资活动的机构或个人就是天使投资人。

天使投资人只是一种概念，所有有闲钱且愿意做主业以外投资的公司或个人，都可以叫做天使投资人。天使投资人更多地会参与一些早期容易参与的项目，但也有敢于去投资大项目的天使投资人，只不过，由于受资力和个人能力范围限制或各种因素干预，往往不能如愿。

天使投资最早源于纽约的百老汇，特指富人出资资助一些具有社会意义演出的公益行为。对于那些充满理想的演员来说，这些赞助者就像天使一样从天而降，使其美好的理想变为现实。后来，天使投资才被引申为一种对高风险、高收益的新兴企业的早期投资。于是，这些进行投资的富人就成为被投资企业的天使，通常称其为天使投资者、投资天使、天使投资人或天使投资家。而那些用于高风险、高收益的新兴企业的早期投资资本，则叫做天使资本。

经典案例

2002 年，崔建平创办了北京宽视网络技术有限公司（以下简称“宽视网络”），并开始从事 TVPG（电视节目指南）业务。2 年后，也就是 2004 年 7 月，他又在英属百慕大群岛成立了宽视网络的海外控股公司——亚洲互动传媒。亚洲互动传媒主要是以电视广告代理业务为主，以 TVPG 和 EPG（电子节目指南）为辅。

到了 2005 年 10 月，作为海外合伙企业的一家分支机构——红杉资本中国基金对亚洲互动传媒进行了投资。其后，该公司又获得了美林日本证券公司（持有公司已发行股份的 11.88%）、新加坡野村证券公司（持有公司已发行股份的 38.89%）、日本 NTT 通信公司、日本电通集团（持有公司已发行股份的 2.70%）、日本卫星通信公司、伊藤忠商事株式会社等众多公司的资金支持。

2007 年 4 月，亚洲互动传媒在东京证券交易所上市前，红杉资本中国基金通过分批投资，已占有该公司总股本的 11.56%，红杉资本中国基金的创始人张帆也出任了公司的董事。此时，如果按亚洲互动传媒上市时的价格计算，已给红杉资本中国基金带来了近 7 倍的投资回报；若以当时国内出现的风投合伙企业的惯例，投资已经达到目的，因为投资企业已完成上市，正是风投机构退出之时。然而，红杉资本中国基金却没有及时退出。

正是在这时，亚洲互动传媒出了事，导火索是会计师事务所拒绝为该公司 2007 年的年报出具审计意见，同时，还曝出了该公司 CEO 崔建平挪用公司资产的丑闻。崔建平在未得到公司董事会同意的情况下，擅自将宽视网络在中国银行的 1.069 亿元的定期存款，挪用到第三方企业北京海豚科技发展公司的债务做担保，使得这家公司从银行成功贷到 1.03 亿元，其中有 1800 万元已用于偿还部分贷款，而剩余资金则陷入无法收回的困境。

事件发生后，亚洲互动传媒被勒令退市，这让该公司的 11 家投资人顿时失算，失去了退出的时机。作为该公司的第二大股东——红杉资本中国基金，此时依然持有公司 9.19% 的股份，其只在 2008 年 5 月时卖出过 1.34% 的股份。其他十家股东，则始终都没有过股权转让的历史记录。

最终，这 11 家亚洲互动传媒的投资者，落得个铩羽而归的下场。红杉资本中国基金也以其联合创始人张帆离职并远离风险投资行业而告终。与此同时，那些投资红杉资本中国基金的普通投资者们，同样也面临着亏损的困境。

专业点评

1. 并不是名气大的投资企业，就不会出现投资失误，投资者在参与风投机构成立的有限合伙企业时，一定要对其执行人的风格和过往的投资标的有所了解，以确定自身是否适合参与，以及能否承担可能会出现的投资风险，然后再去投资。

2. 即使是作为有限合伙人入伙投资合伙企业，也要及时对普通合伙人的执行状况进行监督，如果过于信任对方，放任不管，只想着坐等收益，则投资很有可能会失败。

6.3.2 风险投资的进与退

风险投资机构投资的目标企业，不光是那些高新技术类企业，对于那些非高新技术类却有着高成长性的企业，同样看重。通常之下，不管风投机构选择的目标企业为何种性质，其介入的目的只有一个，那就是盈利。

这就涉及了投资的进退，这一点，国内与国外的风投机构思路是一致的。如果标的公司资质确实好，且有较深发展的潜力，那么，风投机构往往会更长时间地持股。如果标的公司资质一般，他们往往会在投资后，对企业进行整合，从而推动企业上市，企业上市后即退出。

因为目标企业上市后退出是风投机构最理想的，且获利最多的退出方式，所以，对于那些参与风投机构设立的投资合伙企业的投资者来说，关键是看这家合伙企业中，作为普通合伙人介入的风投机构，是否有能力运作企业上市。

通常来说，境外的风投机构投资中国企业时，喜欢推动企业在境外市场上市，这是因为境外上市较为容易；而境内风投机构参与的国内企业，往往更偏向于在国内上市。

而风险投资的退出方式，除了目标企业上市后退出外，还有股权协议转让（并购），或是管理层回购。只有到万不得已时，投资者才会选择破产清算的退出方式。

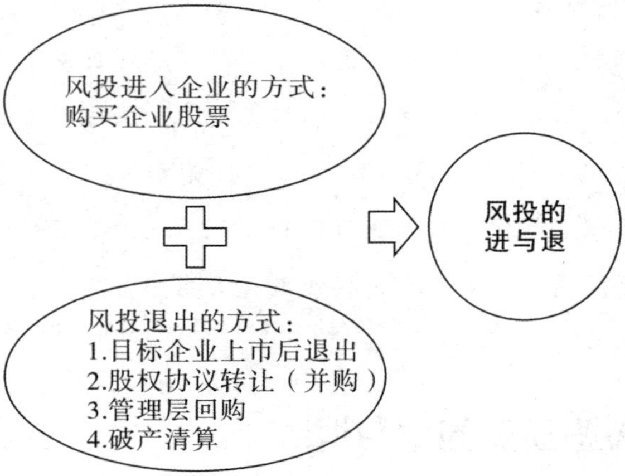

知识链接

什么是并购

并购通常是指企业之间的兼并与收购。兼并又称为吸收合并，是指两个不同的企业，因某些原因合并成一体。收购是指一家企业用现金或有价证券去购买另一家企业的股票或资产，以获得对该企业全部资产或部分资产的所有权，或掌握对该企业的实际控制权。

与并购意义相关的另一个概念是合并，是指两个或两个以上的企业合并为一个新的企业，合并完成后，多个法人将变成一个法人。

并购经常出现在行业产业链的上、下游之间，是企业完善产业布局和提升产品竞争力的有效方法，而许多企业为了实现多元化或战略发展，同样会以这种方式溢价并购分属不同行业的企业。同时，风投机构也常利用企业间的这种并购，进行所投资的目标企业的股票转让，从而实现获利后成功退出。

经典案例

鼎晖投资是中国知名的股权投资公司，成立于2002年。当时，由于证监会发布了禁止证券公司从事风险投资业务的规定，中金公司只好将其直投部分拆离，这才有了鼎晖投资。中金公司直投部高管吴尚志、焦震和王霖等五人因此成了鼎晖投资的合伙人，王功权是在2005年加盟鼎晖投资的，他成功创办了鼎晖创业投资基金。

在利用旗下投资基金进行对外股权投资上，鼎晖投资所选择投资标的的最终目的就是推动企业日后上市。比如在2009年，周鸿祎创办奇虎360时，王功权就找到了他，由于之前二人有过3721项目的合作，所以，此次的到来，王功权不仅为其带来了鼎晖创业投资基金的原始投资，还提出了一些建议。

当时，鼎晖投资向奇虎360一共投资了500万美元，共持有奇虎360万股的普通股，占比为7.05%，并派出了王功权和另一个合伙人陈文江共同负责奇虎360的项目。他们不仅定期去公司，还就公司的团队与发展进行了沟通和讨论。同时，鼎晖投资还指派了一名在某上市公司就过职的合伙人，在奇虎360待了半年，其间，他利用自己的知识和经验，帮助奇虎360解决了不少难题。

鼎晖投资以其良好的服务，使得奇虎360能够更好、更快地成长，并促使它于2011年3月30日成功登陆了美国纽约的证券交易所。如果以2011年12月22日奇虎360的股价15.73美元来计算，仅仅是账面回报就有1.66亿美元，回报率高达33倍，这一举成为鼎晖投资自创业以来回报率最高的一项投资。

鼎晖投资通过投资后对投资标的企业的成功改造，使其成功上市，从而确保了创业投资基金的收回，也保证了那些投资于其创业投资基金的中小投资者们的利益。因此，如何推动投资标的企业成功上市，便成了众多风险投资机构的一门重要功课。

专业点评

1. 风险投资机构若选择在企业 IPO 后退出，往往会利用持股的优势，对投资企业进行合理化发展建议或改造，以期目标企业能够早日实现上市。

2. 普通投资者在投资风险投资机构的基金时，应当以风险投资机构对投资企业的尽心程度来判断优劣。因为只有那些投资企业后尽心尽力帮助目标企业的风险投资机构，才会获得良好的回报。要知道，他们参与企业发展与改造的目的，往往是在为日后的获利退出创造机会。

第七章

合伙制法则

——要想经营好企业，必须遵守合伙法则

成立合伙企业时，若想你合伙的企业能够如期运营，并且达到最初制定的目标，就必须遵守一定的合伙法则，比如：入伙法则中的出资规则、赚钱规则和罢免规则；冲突法则中的矛盾处理规则、争议处理规则；分钱法则中的出资优先规则、出力优先规则、技术优先规则，以及退出法则中的法定退伙规则、除名规则、解散规则等。只有了解了这些法则，你才能更好地去经营合伙企业。

7.1 入伙法则

7.1.1 出资规则

合伙企业成立时规定，合伙人可以货币、实物、知识产权、土地使用权或其他财产权利作价出资，经所有合伙人同意，普通合伙企业中合伙人也可以以劳务出资，但在有限合伙企业中，有限合伙人却不能以劳务出资。

无论合伙人以上述哪种方式出资，尤其是在普通合伙中，都应在所有合伙人认可的情况下，作价后以确认投资所占的份额，从而确认各自所占份额的比例。同时，还要将其具体情况以书面的形式写入合伙协议中，约定各自在合伙企业中所具体负责的工作内容，并严格执行。

出资规则

· 以货币、实物、知识产权、土地使用权或其他财产权利作价出资时，应征得所有合伙人同意，按照比例或平均分配的原则来出资

· 在普通合伙中，以劳务出资时，同样应当征得所有合伙人同意，并折价后确定所占份额

· 在确定合伙人出资情况后，应依照具体情况确定合伙人的具体分工，并在企业运营中严格按其执行

· 按照约定比例或平均分配的原则，将出资情况与具体分工情况写入合伙协议

知识链接

知识产权的评估原则是什么

（1）替代性原则

如果有可供选择的能相互替代的资产，比如专利产品替代品，就是某一产品能够替代专利产品。那么，此项知识产权的价值就会受到影响。

（2）预期收益原则

一项知识产权的价值，虽然和它本身的研制成本没有成正比关系，但和该项知识产权的预期或未来收益有很大关系。所以，对知识产权未来收益的预测，就会成为评估一项知识产权的重要依据。另外，评估知识产权价值时，还应当研究这一知识产权在最佳使用时能产生的效益，不能仅仅局限在现时的使用状况。

（3）变化性原则

知识产权的价值在企业运营中会受到多种因素的影响，这些因素的变化趋势，对知识产权价值变动的影响系数有多大，特别是对知识产权于企业的获利能力的影响有多大，是评估知识产权价值时需要重点考虑的问题。

（4）一致性原则

评估知识产权时，存在诸多要考虑的关联因素与变量，在这些关联因素与变量之间，要存在合理的一致性，否则就可能会影响到评估结果的科学性与真实性。

经典案例

李立得、赵胜、王海涛、刘建设四人经共同协商，决定成立一家合伙企业，主要经营海产品深加工，并签订了一份合伙协议。

在合伙协议中，四人约定：李立得出资现金20万元，赵胜以自家一个独立的小院的实物折合成20万元出资，王海涛以自身的产品加工技术折合成20万元出资，刘建设以劳务作价20万元出资；李立得、刘建设执行合伙企业事务，对外代表合伙企业，但二人签订50万元以上的买卖合同时应经其他合伙人同意；利润分配上，四人协议均分，风险上也是均担。

合伙企业成立后，由于李立得擅自以合伙企业的名义与华星公司签订了一份买卖合同，但合伙企业却未能依照这份合同的约定时间按时交货，华星公司因此要求合伙企业向其支付当初合同约定的全价20%的赔偿要求，结果合伙企业以合同不成立为由拒绝了华星公司的赔偿要求。

当华星公司得知，其与李立得签订的这份合同是在未经合伙企业的另一执行合伙人刘建设的同意下签订时，便将李立得告上了当地法庭，结果法院判决华星公司胜诉，李立得需要依法向华星公司支付合同约定的全价20%的赔偿。

从这起官司中可以看出，尽管李立得是以20万元现金的方式出资成立合伙企业的，其他三人虽未出现金，但同样以自身的技术、办公场所实物、劳务作价出资，因此他不能以自己出资现金为由，擅自违反合伙协议约定，独自对外签订买卖协议。

专业点评

1. 合伙人在成立合伙企业时，一定要约定好出资的具体情况，如果均为货币出资，可遵循平均的原则；若有合伙人以实物、技术等出资时，一定要请专业的评估机构评估作价，或是在全体合伙人同意的情况下估价。

2. 在确定出资情况及比例后，合伙人一定要将具体出资情况写入书面合伙协议，并商定出具体的执行事务指派，以免日后利益分配时发生矛盾。

7.1.2 赚钱规则

合伙企业要想赚到钱，就必须做到人尽其职，因此，如何利用合伙人的所长，在法律允许的情况下，充分调动起合伙人的积极性，从而达到合力经营的目的，是合伙企业能赚到钱的不二法门。

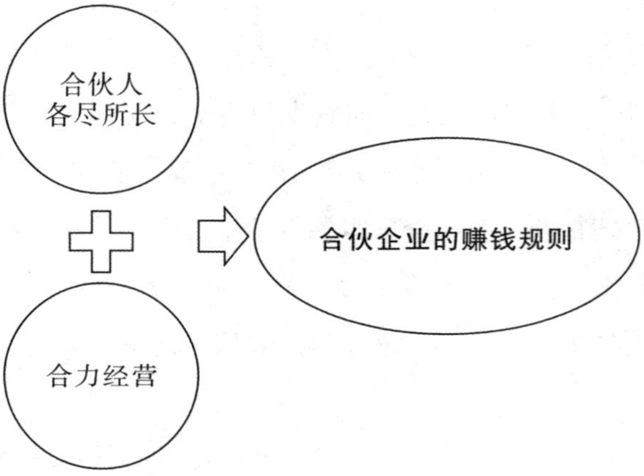

可见，合伙企业要想赚到钱，首先必须保证合伙经营的项目要有赚钱的潜力；其次要选好合伙人；再次通过合伙人的合理分工，确保企业执行到位，才能让合伙人在合力经营中赚到钱。

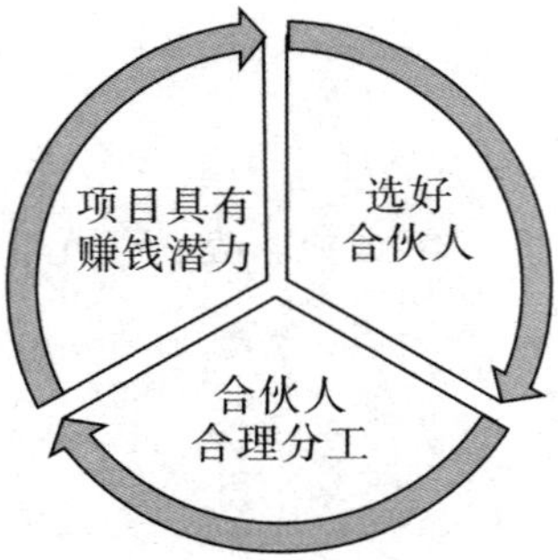

知识链接

什么是执行力

执行力，就是行动力，是指有效利用资源、保质保量达到目标的一种能力，是贯彻战略意图、完成预定目标的一种活动能力。执行力所包含的内容为：完成任务的能力和意愿、完成任务的程度。对于个人来说，执行力就是办事能力；对于团队而言，执行力就是战斗力；对于一个企业来说，执行力就是经营能力。

经典案例

天搜科技股份有限公司是一家集无线应用、无线软件研发和移动信息化解决方案实施于一体的高科技企业。创办以来，该公司一直以推动中国移动信息化产业发展为己任，同时凭借着雄厚的移动信息技术实力和对市场的深入发掘，为各类用户提供了全面的移动信息化应用解决方案，是国内领先的移动电子商务服务提供商。

2015 年，天搜科技股份有限公司推出了创客宝。这是一款基于微信、APP，面向大众“一键开店”的创业平台，创业者只要花极少的费用进入这一平台，即可与相关产品的厂家或商家联络，从而实现人人经纪、人人创业的目的。

在创客宝，创业者不受职业与年龄的限制，只要有创业梦想的人，就能轻松得到合伙创业的机会，成为大众创业项目的合伙人，同时，还享有低价购买优质商品的机会。而供应商则能实现近距离接触消费者，推动微商 3.0 商业模式的发展。

创客宝大众创业项目，是天搜科技股份有限公司在新模式方面的突破，也是落实“互联网 +”战略布局所迈出的重要一步。而对于广大创业者来说，这也是一个很好的合伙创业机遇。

从合伙的角度来看，这属于项目与人、资金的合作，创客宝只是为广大创业者提供丰富的易操作的项目。创业者在这里挑选项目时就像面对广阔的商品批发市场一样。尽管在加入后，创客宝有关于营销的培训内容，但是要想赚到钱，首先合伙人需要有一定的启动资金，再就是合伙人需要有网店推广的营销资金。同时，合伙人还需要有营销方面的专长，因为毕竟创客宝所提供的均为大众创业项目，因此，营销能力在此成了合伙后最关键的执行力。

像创客宝这种初看起来门槛很低的合伙创业，实际上对合伙人的要求并不低。成为合伙人虽花不了多少资金，可网店推广与营销才是赚到钱的关键。所以，只有那些拥有推广经验或营销能力的人，与创客宝合伙后，才能够真正从中赚到钱。

专业点评

1. 在互联网时代，合伙人若想从合伙中赚到钱，项目的执行力往往很关键。合伙再简单，如果没有相关的执行力，也是难以从低门槛的项目中赚到钱的。

2. 在合伙制约定下，合伙人要想真正赚到钱，合伙经营的能力往往起着决定性作用。

7.1.3 罢免规则

在合伙企业的经营过程中，如果执行相关事务的合伙人出现了重大失误，从而引发其他合伙人不满时，若合伙协议中有约定，应当按照约定来执行；若没有约定，所有合伙人应当重新协商，对该合伙人所负责执行的事务进行联合执行，或是重新指派另一名合伙人来负责。但这一决定必须经过绝大多数合伙人的同意后，方可有效。

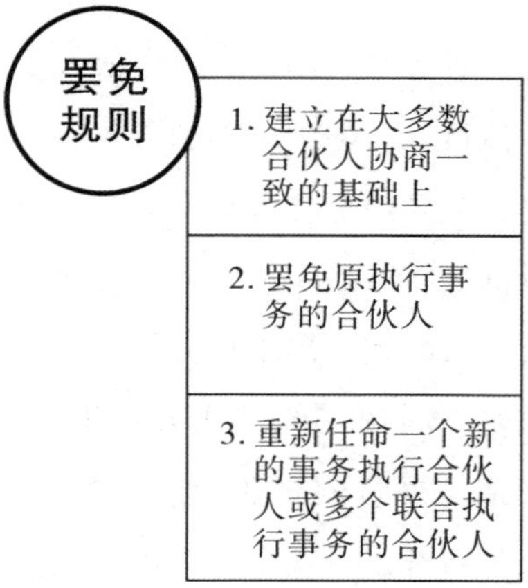

知识链接

什么是合伙企业的事务执行人

合伙企业的事务执行人，是指受合伙企业委托执行合伙企业事务的人，其只能是合伙人中的一人或数人，合伙人以外的其他人不能成为合伙事务的执行人。并且，他必须是合伙协议中约定的，或经过全体合伙人决定的人。如果法人或其他组织作为合伙人执行合伙事务，应当由其委派代表作为合伙事务的执行人，但是，其他不再执行合伙企业事务的合伙人，对其执行合伙企业事务的情况享有监督权。

经典案例

2008 年 5 月，张浩、管志坚、周拓及林永坚四人经过协商，决定成立一家普通合伙企业，并签订了一份合伙协议。

根据协议内容，张浩、管志坚、周拓及林永坚四人决定每人出资 6 万元，成立一家经营农副产品的个人合伙企业，并一致推举林永坚任合伙企业的事务执行人。同时，他们还到当地工商行政管理部门办理了工商登记注册。

合伙企业成立后，四人便开始了农副产品的经营。然而，在经过1年多的经营后，张浩、管志坚、周拓三位合伙人发现，林永坚根本不适合做合伙企业的事务执行人。遇到对外的事务时，林永坚经常会向周拓讨对策，更重要的是，当客户请林永坚吃饭时，只要多喝了几杯，他就会脑子一热，承诺以低价将产品卖给对方。时间一久，导致合伙企业的账目上盈利极少，甚至有时还会出现轻微的亏损。

这让张浩、管志坚、周拓三位合伙人意识到，尽管林永坚能说会道，但事实上他并不适合做合伙企业的事务执行人，于是在2010年2月1日，他们和林永坚召开了一次全体合伙人大会。在会议上，除了林永坚外，其余三位人合伙人都同意解除林永坚合伙企业事务执行人的职务，并选举出了管志坚做新的合伙企业的事务执行人。

虽然林永坚并不同意，但是根据《中华人民共和国合伙企业法》的规定，合伙企业事务执行人的变更，并不属于对合伙企业重大事项的更改，不需要经过全体合伙人的同意，只需全体合伙人在场，按照合伙协议的约定或依照少数服从多数的原则做出的决议，就能在合伙企业中具有法律效力。

专业点评

1. 合伙企业在罢免合伙企业事务执行人时，不需要征得该合伙人的同意，只须全体合伙人在场，且经绝大多数合伙人同意，即可实施罢免，但同时需要推举出新的合伙企业事务执行人。

2. 如果是个人合伙企业，且合伙企业只有两个人时，合伙人应当尽量以沟通的方式解决合伙企业事务执行人的变更问题。

7.2 冲突法则

7.2.1 矛盾处理规则

合伙企业在经营过程中，合伙人之间难免会出现矛盾，因每个人都有其人格或性格上的缺点与个性，及其独特的行事风格与做事习惯所致。发生了矛盾后，合伙人之间应当本着化解的目的去协商解决，因为彼此日后还要合伙经营。因此，当矛盾出现时，合伙人不能动辄就谈散伙，而应当想办法去化解矛盾。

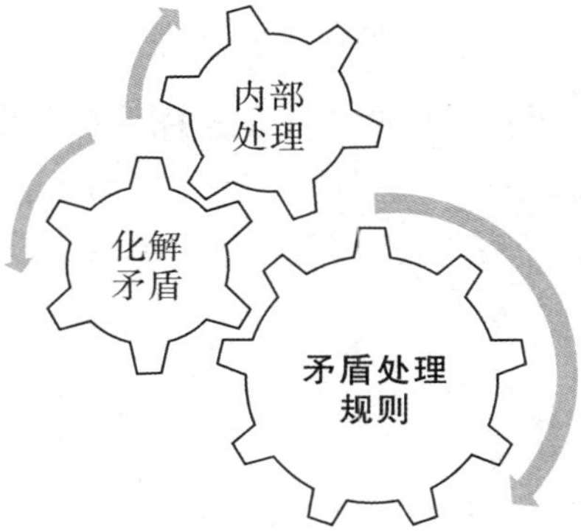

知识链接

如何化解合伙人之间的矛盾

（1）自我批评，化解矛盾

在合伙经营中，合伙人之间的矛盾往往是由多方面原因引起的，要想顺利地化解，就应该从自我批评开始。这样，可以给对方造成负疚感，坦诚地找出自己的错误，不致让矛盾激化。

（2）回避退让，避免矛盾升级

合伙人的回避不是逃避，而是为了防止矛盾激化，并在回避中寻找解决矛盾的时机。尤其是当矛盾或分歧比较严重，短期难以解决时，为了不使矛盾进一步恶化升级，应尽量减少与有矛盾的合伙人接触，避免引发正面冲突。

（3）求同存异，不要苛求

矛盾冲突的各方暂时避开某些分歧点，在某些共同点上达成一致，以达到矛盾与冲突的逐渐解除。这是有效解决合伙人之间的矛盾冲突，且不影响企业正常运行的最佳方法。求大同、存小异，做到大事讲原则，小事讲风格，在细节问题上不苛求于人，不但可以避免冲突的发生，还能调解或解除现有的矛盾冲突。

（4）淡化矛盾，模糊处理

在特定的条件下，对于那些非原则性的矛盾冲突，可采取模糊处理的办法，以避免矛盾激化。但是，要在坚持原则立场的情况下，再去模糊处理非原则性的冲突。

经典案例

来自广州的刘亦然与王少安是朋友，闲时二人合计一起开办一家小礼品创意加工企业，专门生产一种玫瑰花型的雨伞套。二人说干就干，双方各拿出 10 万元来成立这家小礼品创意加工企业。并且约定，由刘亦然负责小礼品的创意，王少安负责产品的销售。为此，二人签订了一份合伙协议，并于 2012 年 4 月成立了这家合伙企业。

自这款针对企业推出的小礼品问世，其销路就一直非常好。直到 2014 年 3 月，为了进一步扩大销路，两人决议招聘几位业务员进行推广，一时间，企业生产的玫瑰花型雨伞套销路大开。然而，到了 2015

年年初，企业的订单却突然少了许多。

刘亦然认为，可能是这款产品的某个环节出了问题，为了改进产品，重新占领市场，他由业务员领路，走访了几家经销商。可是这一走访，却让他大吃一惊。

原来，在市内某一批发市场，刘亦然看到，这里一共有三家卖玫瑰花型雨伞套的商铺，其中有两家生意一般，产品都是从他们的企业批发来的，另外一家生意非常兴隆，产品并不是从他们的企业进货的。再仔细了解，刘亦然才发现，这家卖的产品和自己创意的产品虽没什么区别，却是假冒的玫瑰花型雨伞套。可就是这一假冒的雨伞套，依靠着低廉的价格，竟然从刘亦然与王少安的企业里抢走了大部分的市场份额。

再追根溯源，刘亦然惊讶地发现，这款假冒的雨伞套的出处，竟然是自己的合伙人王少安授意自己的亲戚去做的。

原来，王少安发现与刘亦然合伙的企业生产的雨伞套销量很好后，便让自己的亲戚也模仿着去做，结果从他们手中抢走了不少市场份额。思来想去，刘亦然决定和王少安好好谈谈。

刘亦然找到王少安后，说他打算继续开发几种款式的雨伞套，让他们的产品不仅能垄断广州本地的市场，还要逐渐向附近的省份发展。对此，王少安表现出很赞同。但是，刘亦然接着话锋一转，说起了两人经营上的困难，打算再拉一个合伙人入伙，专门负责生产加工，这让王少安有些忐忑。接下来，刘亦然又谈起王少安那个做假冒雨伞套的侄子，并建议拉他一起入伙，让他出一定的钱，进来后主要负责生产加工，这样自己就能专心研究新产品了。

至此，王少安才恍然大悟，原来刘亦然知道了他侄子做假冒雨伞套的事。刘亦然并没有怪他，反而安慰对方，说他一直在负责企业的销售，十分辛苦，并相信今后他们一定会做大企业。刘亦然还谈到，如今虽说仿冒的产品赚了不少钱，但真正有市场竞争力的产品还是要有创意。没多久，王少安的侄子也加入了他们的合伙企业。

很明显，王少安的行为是一种不道德的行为，刘亦然知道后当然会很生气，但他毕竟与王少安是朋友，知道他这样做，无非是想为侄子找个赚钱的差事。出于对两人合伙企业的未来发展考虑，他不仅没有做出激化矛盾的事，反而以发展企业为由，将王少安的侄子拉入合伙中，可谓是既化敌为友，又彻底化解了矛盾。

专业点评

1. 合伙人之间出现矛盾的原因很多，出现矛盾时合伙人不能只是一味去埋怨对方，这样极易激化矛盾，最后弄得个两败俱伤的下场。

2. 只有找到了矛盾产生的原因，从合伙经营的角度出发，耐心劝说，以理服人，才能真正化解矛盾。

7.2.2 争议处理规则

合伙企业成立后，如果在履行合伙协议过程中发生争议，合伙人可以通过协商或者调解来解决。不愿通过协商、调解解决的，或协商、调解不成的，可按照合伙协议约定的仲裁条款或事后达成的书面仲裁协议，向仲裁机构申请仲裁。合伙协议中未订立仲裁条款的，事后又没达成书面仲裁协议的，可以向当地人民法院起诉。

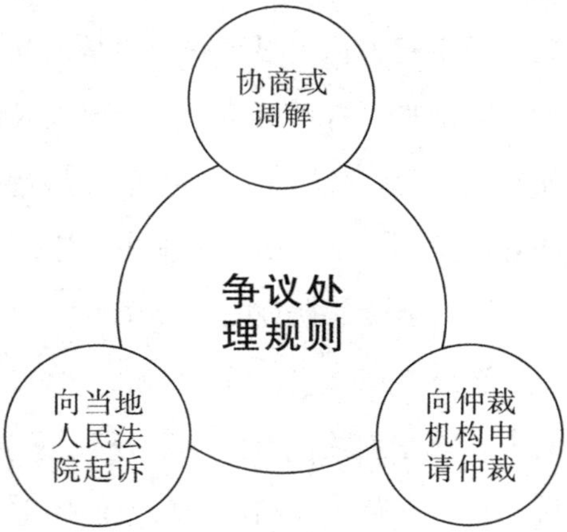

知识链接

处理冲突时的一些策略

(1) 强力策略

强力策略是指在冲突出现时，合伙人召开全体合伙人大会，并再次重申合伙协议中的相关内容，使有矛盾或冲突的合伙人能够按合伙协议来约束自己，从而化解双方的冲突。

(2) 回避策略

对于小的个人问题，合伙人可以暂时采取这种策略。

(3) 妥协策略

妥协策略是指发生冲突的合伙人双方进行一定的妥协，各让一步。在实施这种策略时，合伙人一方应当由中间人或第三方合伙人出面。

(4) 协商策略

这是一种双赢的策略，合伙人之间如果出现冲突，合伙人一方应当先冷静下来，从合伙经营的角度出发，耐心劝说另一方。因为现实中的某些冲突，如果换个角度去看，都能从互惠互利的方面找到解决办法。

经典案例

2003 年年初，钟方芳与何仲良二人经过协商，决定成立一家合伙企业，以经营二氧化锰和碳酸锰为业务，但二人并未注册成立合伙企业，也未签订合伙协议，只是以口头的形式达成了合伙意向。

随后，同年 4 月 1 日，何仲良与国营第七〇三厂综合工厂签订了一份雷蒙机的租赁协议。根据协议，双方约定：国营第七〇三厂综合工厂将所属的 3R 雷蒙机和厂房租赁给钟方芳使用，租赁期限为 3 年。

厂房与设备的租赁，也是钟方芳与何仲良口头合伙协议的一部分，因为根据双方的这份口头协议：钟方芳以自己的名义租下厂房与设备后，由何仲良出资，双方共同管理，利益风险均摊。因此，租下国营第七〇三厂综合工厂所属的3R雷蒙机和厂房后，二人即开始了二氧化锰和碳酸锰的经营。

从合伙企业成立到2005年11月期间，钟方芳与何仲良并未聘请专门的会计与出纳，所以一直是由二人共同管理合伙企业的账目。直到2005年11月的一天，在钟方芳家，二人就合伙期间双方经营的账目进行了一次清算。

当时，有懂会计的张小青在场，清算后，何仲良即向湖南某重化公司出具了一张便条，便条内容为："湖南新日重化公司：经我于（与）钟方芳协商同意，现请求贵公司从我方（何仲良账户）余额划转货款叁拾柒万捌仟贰佰壹拾伍元叁角壹分（计378215.31元）到钟方芳账户（即我与他的合伙账户），请贵公司给予办理。"钟方芳因与何仲良为合伙人，于是也在便条上签了字。

在钟方芳与何仲良结清账目后，二人聘请了张小青与谢有亮分别担任合伙企业的会计和出纳。

2008年4月23日，钟方芳与何仲良再次就双方自2005年12月9日至2008年4月23日的账目进行清算。在经过张小青、谢有亮与钟方芳、何仲良四人再次结算后，得出合伙企业的货款总收入为1824360.71元，总支出为1083453.43元，盈利740907.28元。

事后，钟方芳领取了193413元，何仲良领取了547360元，结余现金134.28元。

钟方芳却觉得不对，因为按照当初二人的口头合伙约定，是共同经营、共负盈亏的，因此，何仲良应当再付给她177010.64元，于是钟方芳多次向何仲良索要，在未果的情况下，钟方芳一纸诉状将何仲良告上了当地法庭。

经法院审定后判决，因二人合伙期间未进行登记，所以不能适用于《中华人民共和国合伙企业法》，而应当以《中华人民共和国民法通则》

中有关个人合伙的规定来判定。法院最后判定，何仲良应当付给钟方芳现金 176906. 36 元，谢有亮应向钟方芳支付 134. 28 元。

专业点评

1. 合伙人在与人合伙经营前，一定要经双方协商形成书面合伙协议，并注册成立合伙企业，因为一旦发生争议，合伙协议将是判断争议的原始依据。

2. 即使合伙人在合伙时未注册合伙企业，或双方仅以一种口头协议的方式合伙，那么在出现争议后，法院往往也会视其为合伙经营，并以此为依据判定争议的结果。

7.3 分钱法则

7.3.1 出资优先规则

根据《中华人民共和国合伙企业法》规定，合伙企业在分享利润所得时，应当以合伙协议中规定的合伙人出资比例及所占比例份额优先分配。而由于在合伙企业中，出资多的合伙人，其不仅所得利润会更多，承担的相应责任和风险也会相对较大，也就是说，当合伙企业出现债务时，出资多的合伙人所承担的债务会较重。与此同时，在其他技术等方面因素不是很明显的情况下，正是合伙人的多出资，才会使合伙企业盈利更多，所以在分红时，其同样应当分得较大比例的利润。但是若在合伙协议中有相关的约定，那么，就应当以合伙协议中的约定去执行。

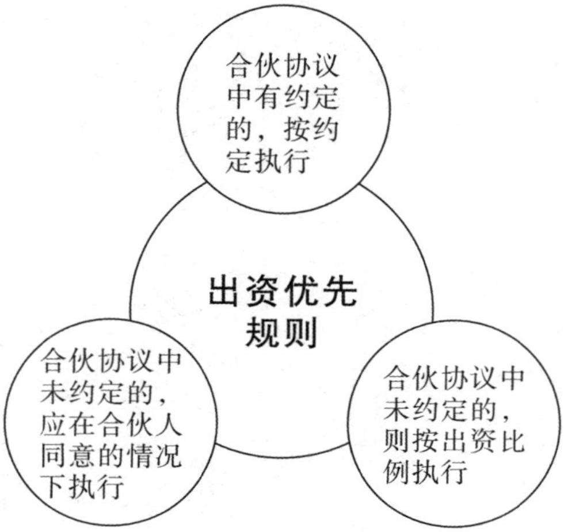

知识链接

出资优先分配利润时应注意什么

1. 如果没有特殊的技术出资等情况出现时，合伙企业在分配利润时，应当遵从出资优先的原则，也就是以合伙人出资的比例来进行利润分配。

2. 如果在合伙协议中有约定的，合伙企业在分配利润时，应当按照合伙协议中的约定来执行。

3. 如果合伙协议中未约定，合伙人只是口头上有承诺，分配利润时则应当按照这一承诺来执行。

经典案例

星班客是一家集餐饮、管理、投资、销售、研发于一体的大型餐饮管理公司，总部设立在广州。

陈应昌与赵宝华是江西九江人，2006 年两人一起到广州番禺一家电子厂打工。7 年后，二人各自都有了一定积蓄，便想着一起创业。经四处寻找，二人发现，在广州有一家叫星班客的餐饮公司，多年来一直从事餐饮方面的生意，并一直对外诚征加盟店。

于是，在 2013 年年初，二人到星班客总部进行了考察与洽谈，最后，两个人决定加盟星班客，在老家九江开一家加盟店。

随后，陈应昌与赵宝华立即辞掉了在番禺的工作，回到了九江，经过寻找特色，二人看中了市区一个较好的门面，租金是 1 年 10 万元。在共同出资时，经二人协商，赵宝华因家庭条件差，只需出资 10 万元，而陈应昌出资 20 万元，但赚了钱两人一起平分。于是，二人与星班客达成了加盟协议，一家星班客黄金标准店在九江成立了。

经过两个人的努力，第 1 年，餐厅赚了 10 万元，年底分红时，陈应昌给了赵宝华5万元，但赵宝华拒绝接受。因为在他看来，虽然这家店子是其二人共同出资成立的，但当时陈应昌出了20万元，理应多分些。最后，两个人达成了协议，以后餐厅赚的钱，陈应昌分六成，赵宝华分四成。

第2年，二人继续合力经营，收回了当初投资的成本，并在其后，二人一直都按6∶4的比例分成。

专业点评

1. 尽管合伙人在合伙时或许会约定平均分配合伙企业的利润，但在合伙企业实现盈利后，出资多的一方理应多得利润，合伙人必须坚持这种思维，这样合伙企业才能经营越来越和谐，从而赚取更多的利润。

2. 在技术等优势不明显的传统行业，合伙企业在分红时，应当向当初企业成立时出资多的一方倾斜，因为在技术特征不够明显的条件下，合伙企业的资金金额往往决定着合伙企业的盈利程度。

7.3.2 技术优先规则

在某些以技术为核心优势的合伙企业分红时，若在合伙协议中有约定的，则按合伙协议中的约定执行；若是合伙协议中没有明确约定，则应当以技术优先的规则执行，尤其适用于科技型合伙企业的分红中。因为对于科技型合伙企业来说，往往技术才是决定合伙企业盈利的关键。所以，应当在平均分配的基础上向技术出资的合伙人倾斜。

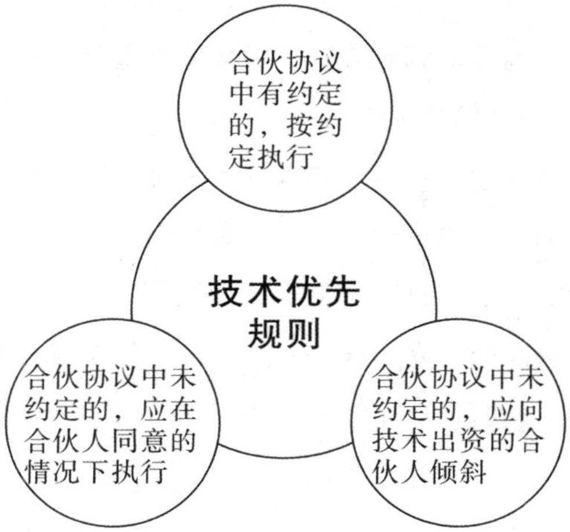

知识链接

什么是技术

技术是人类为了满足自身的需求和愿望，在长期利用和改造自然的过程中，不断积累起来的技能、方法和手段，是人类遵循自然规律，利用自然、改造自然的技能、方法和手段的总和。技术是需要在实践中多磨炼才能掌握的，具有独特性和专属性。

经典案例

2013 年，一直从事珠宝鉴定工作的陈龙泽，十分看好珠宝市场，所以，积攒了一笔积蓄后，便想经营珠宝生意。经过初步估算，要做珠宝方面的生意需投入资金 60 万元，可他只有 30 万元。要知道，珠宝生意最耗钱的并不是门面、展示台等，而是进货需要大量的资金。实际上，这 60 万元只是一个保守的数字，因为珠宝的平均单价高。

思来想去，陈龙泽决定寻找一个人与自己合伙经营，于是找到了一位姓刘的朋友。

刘某是做服装批发生意的，对珠宝行业可以说是一窍不通，当陈龙泽邀请他合伙时，他考虑到对方一直在从事珠宝鉴定的工作，便答应出资 30 万元，与其一起做珠宝生意。

不久，二人达成合作意向，并签订了一份合伙协议，成立了一家珠宝行合伙企业，只是在协议中，二人约定，因刘某不懂业务，所以合伙后不参与珠宝行的经营，只负责出资与分红，珠宝行的一切经营事务均由陈龙泽负责执行。而考虑到这一原因，加上陈龙泽自身拥有鉴别珠宝的技术，因此，在利润分成上，刘某只占有 40% 的份额，陈龙泽占有 60% 的份额。

约定好利润分成后，珠宝行即开始运营。由于陈龙泽在珠宝鉴定上具有较丰富的技术经验，因此，珠宝行的生意十分兴隆，仅 1 年时间，他们便收回了投资成本，并赚了 10 万元。在年底分红时，刘某按照约定，只取走了 4 万元的利润。

专业点评

1. 创业者在成立合伙企业时，尽管出资上没有差别，但拥有技术的一方实际上是带着技术专长一同入伙的，因此，尽管在实际中很多技术专长并没有评估作价，但合伙人同样要意识到这一点，在分红中对拥有技术一方所占份额予以倾斜。

2. 合伙企业要想在合力经营中越做越好，就应当遵从技术优先的规则，否则过于轻视技术，容易让掌握技术的合伙人产生不满情绪，企业也难以长久地合伙下去。

7.3.3 出力优先规则

合伙企业在分红时，若在合伙协议中有约定的，则按合伙协议中的约定来执行；若是合伙协议中没有明确约定，则应当向出力多的合伙人倾斜，因为在资金、技术等因素不明显的情况下合伙企业会出现盈利，往往是出力多的合伙人所致。所以，应当在平均分配的基础上，向出力多的合伙人倾斜。

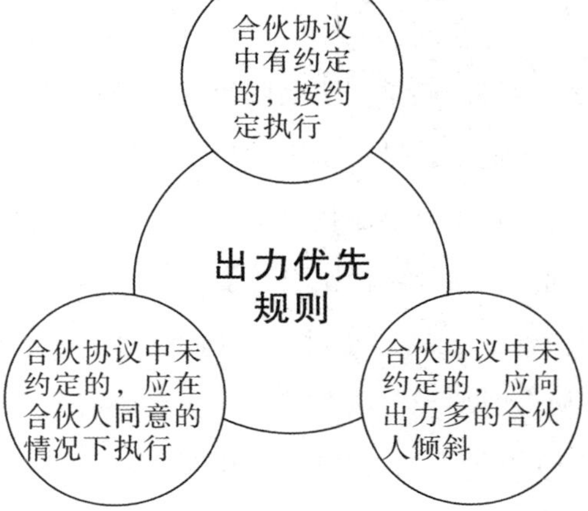

知识链接

合伙做生意的利润分配原则是什么

合伙做生意，出资的多寡，往往并不能真正说明什么。因为在成立合伙企业时，出资只是其中的一个方面，技术同理，因此，创业者在合伙做生意时，尤其是在利润分配上，应当在参考出资金额的同时，也要体现公平的原则。因为只有以公平为原则，才能真正体现出创业时的合力经营，否则，纯粹以出钱多少来判定，往往会失之公允，长久下去，合伙人之间势必会产生矛盾或是异心，不利于合伙企业的内部团结，容易因利润的分配不公产生矛盾而导致散伙。因此，合伙企业只有遵循公平的原则去分配，才能服众，企业才能越做越好。

经典案例

淘宝店开始火爆后，2013 年的某天，李当也想开一家淘宝店，可是在经营何种产品上，他很是费了一番周折。想卖服装，他又没有专业的眼光；想卖家乡特产，仅包装他就要投入一笔不小的资金。思来想去，他决定做玉器生意，因为他发现，目前人们对玉器的需求日益增加。然而，李当却不懂如何识别玉器的真伪，所以很害怕在进货时上当。

李当有一位中学时的同学，小名叫小宝。当初中学毕业后，小宝便在其姐夫的安排下，进了县城一家玉器厂做学徒工，后来，玉器厂解散了，小宝就一直帮姐姐干玉器制作的活。可姐夫离婚再娶后，小宝觉得这样相处下去很别扭，便决定出来自己做。

这时，李当找到了小宝，经过一番协商，两人有了一起合伙的打算，但在进一步协商时出现了一个问题，小宝决定先期只出资 10 万元，李当也决定出资 10 万元，二人共凑足 20 万元经营起一家淘宝店。

起初，小宝认为自己是带着精通玉器技术与李当合伙的，便要求淘宝店成立后自己所占的股份要多些，或者李当多出些钱，而自己少出点。李当却不同意，他认为两个人做淘宝店，不是直接自己制作玉器，其关键在于买和卖，在淘宝店的推广上自己也是占有优势的，因为他曾在几家淘宝店做过营运推广。

后来，在家人的劝说下，李当才勉强同意，因为两人毕竟是老同学。最后，李当与小宝达成了约定：二人各出资 10 万元现金，成立一家玉器行，以淘宝店的形式出现，不办理实体店，并约定淘宝店在经营过程中产生的利润，李当占 40%，小宝占 60%。

淘宝店运营了 1 年后，小宝发现，在淘宝店的实际运营过程中，完全不是他最初想象的那样，他主要负责进货时把把关，其他能做的也就是给李当帮个小忙。于是，到了年底分红时，小宝主动将自己在淘宝店里的份额降到了 50%，因为一来他认为，淘宝店的营业额之所以如此高，主要是因为李当的努力推广，李当出力多，分红时自然应当有所体现；再则二人本是好友、老同学，只有坚持公平的原则，他们的淘宝店才能越办越红火。

专业点评

1. 合伙人在合伙经营的过程中，并非只有出劳力才是出力，出智力同样也是一种出力，特别是在以互联网为依托的合伙企业中，出力往往以脑力劳动为主。因此，判断合伙人是否出力时，应以其劳力与智力的双重贡献来综合考量。

2. 合伙企业原本所体现的就是一种合力经营的理念，因此，在经营中若不是对资金或技术要求过于依赖的情况下，应当以出力多先分红优先的原则。

7.4 退出法则

7.4.1 法定退伙规则

合伙企业在运营过程中会出现一些特殊情况，导致合伙人必须退出合伙企业。法定退伙情形包括五种：

（1）作为合伙人的自然人死亡，或者被依法宣告死亡。

（2）个人丧失偿债能力。

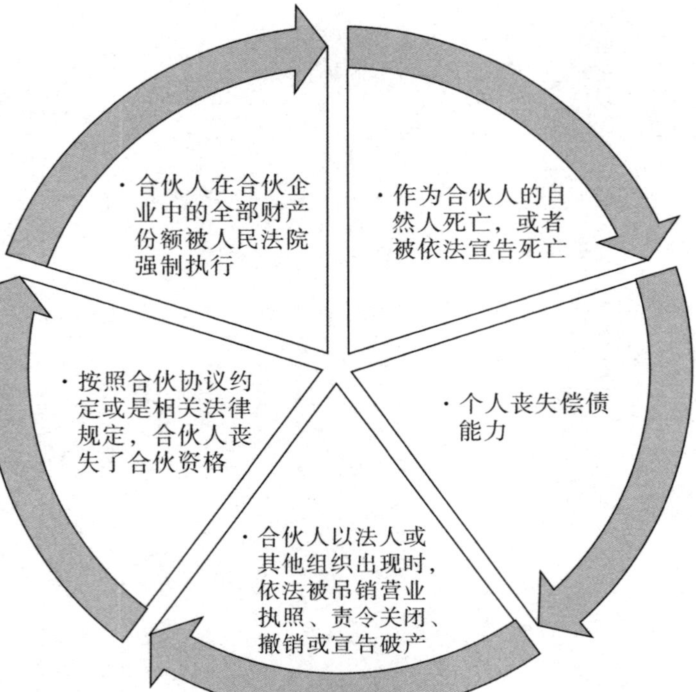

（3）作为合伙人的法人或者其他组织，依法被吊销营业执照、责令关闭、撤销或宣告破产。

（4）按照合伙协议约定或是相关法律规定，合伙人丧失了合伙资格。

（5）合伙人在合伙企业中的全部财产份额被人民法院强制执行。

知识链接

什么是偿债能力

偿债能力，是指企业或个人用其资产偿还长期债务与短期债务的能力。

在合伙企业中，合伙人一旦失去偿债能力，则意味着合伙人在合伙企业中的权利不完整，那么，他在合伙企业中所应承担的义务就无法落实，尤其是他若为普通合伙人，其承担的无限连带责任，等同于是虚空存在的，因此，他的合伙人资格也无法再继续保留下去。根据《中华人民共和国合伙企业法》规定，合伙人个人丧失偿债能力时即构成了法定退伙条件，应予以退伙。

经典案例

2013 年 2 月，李冲与几个朋友一起合伙开了一家超市，在合作协议中，李冲等合伙人约定：合伙期限为 3 年。

第 1 年，超市因建在一个新的小区里，生意十分兴隆；但到了第 2 年，由于附近突然多了永辉和物美两家大型连锁超市，李冲的超市出现了亏损的现象。尽管主要原因在于其竞争力不如永辉和物美，但还有部分原因是经营人李冲的经营策略出现了问题。

2015 年 2 月，李冲在春节回家后，一时心情郁闷，认为是自己连累了和他合伙经营的几个人，因此终日与亲朋好友在一起喝酒，结果导致身体每况愈下。过完年，在回超市所在的城市途中，李冲不幸出了车祸，造成双腿截肢，从此失去了劳动能力，并且因此欠下了一大笔外债。

妻子在家照顾李冲1个多月后，几位与李冲合伙经营超市的合伙人找到家来，向其索要资金，以弥补超市的外债。

当时，李冲在妻子的劝说下，对其他合伙人提出了退伙的请求，不料却遭到了所有合伙人的反对。于是，李冲一纸诉状将超市的其他合伙人告上了法庭。

最后，经法院核实，李冲在失去双腿后已无赚钱能力，其妻子一直以来都在家务农，根本没有偿债能力，并且还要抚养13岁的儿子。本就不宽裕的家庭，加上李冲这一出车祸，等于是全家失去了赚钱的能力，因此法院判定，与李冲合伙经营超市的其他合伙人，应当同意其退伙的请求，并且其他合伙人应当对李冲合伙期间超市产生的账目进行清理，让李冲按其所占的份额进行债务偿还。

专业点评

1. 合伙企业中，对于合伙人丧失偿债能力的判定，应就其整个家庭的经济情况而定，而不能只以个人行为来判定。

2. 某一合伙人如果在合伙企业经营中，达到了法定退伙的条件，其他合伙人应当及时令其退伙，重新寻找新的合伙人或是其余合伙人继续全力合伙经营。

7.4.2 除名规则

除了五种法定退伙情况外，在合伙企业中还有四种情况，经其他合伙人一致同意后，可以将该合伙人除名：

（1）合伙人未履行出资义务。

（2）合伙人因故意或者重大过失给合伙企业造成损失。

（3）合伙人执行合伙事务时有不正当行为。

（4）发生合伙协议约定的其他除名事由。

合伙企业的管理和运营，应当尊重合伙人的意愿。因此，除了前三项除名退伙情形外，合伙人还可以在合伙协议中约定其他情形的除名；当约定情形出现时，经其他合伙人一致同意后，可以将某一合伙人除名。

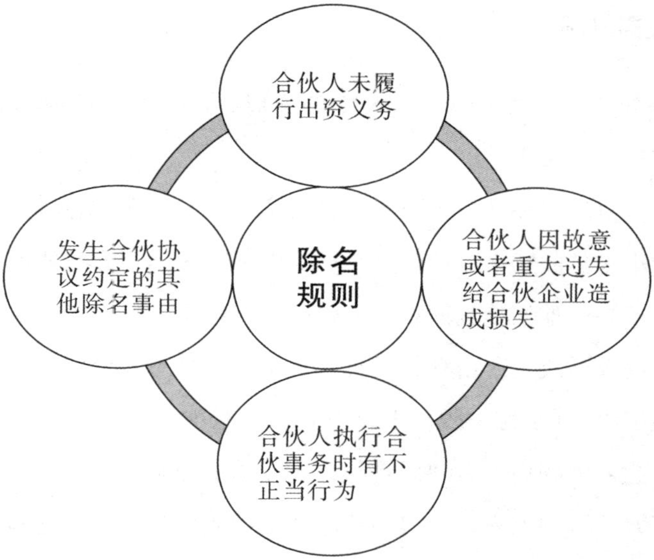

在合伙经营中，只要出现上述条件中的一种情形，即可经其他合伙人一致同意后，将该合伙人予以除名。对合伙人的除名决议，合伙企业应当书面通知被除名人。被除名人接到除名通知之日起，除名即生效，被除名人退伙。如果被除名人对除名决议有异议的，可以在自接到除名通知之日起30日内，向人民法院起诉。

知识链接

什么叫除名退伙

除名退伙也叫开除退伙，是指在某一合伙人出现法定事由的情形下，由其他合伙人一致决议后，将该合伙人除名。但合伙企业在对某一合伙人实施除名退伙时，应当列举出对其实施除名退伙的原因，并以书面的形式通知被除名人。被除名人在接到除名通知之日，除名退伙即生效。但是，如果被除名人对合伙企业的除名决议有异议时，应当在接到除名通知之日起30日内向当地人民法院起诉，通过诉讼的方式，最终确认除名决议的法律效力。

经典案例

2013年2月，由于镇中心小学的建成，使得原乡政府所在的莲子村突然变得热闹起来。

对此，村里的孙智与孙连两个兄弟认为，可以在中心小学的对面开一家专卖小食品的超市，但经过盘算后发现，他们两人的钱根本开不了小超市，于是，他们找到同村的万建国一起合伙。

经过商议后决定，由孙智、孙连两兄弟每人出资5万元合成一股，万建国出资10万元为一股，于镇中心小学对面开一家小食品超市。双方约定，超市盈利后，万建国将与孙氏兄弟平分利润。

由于万建国的加入，使得小食品超市营业后食品品种增多，再加上三人的用心经营，1年多后，超市即盈利10万元。此时，双方按照当初的约定，万建国拿走5万元，孙智与孙连拿走5万元。

俗语说“人心不足蛇吞象”，对于分红，孙氏兄弟越想越觉得不划算，因为开小食品超市的主意是兄弟两人想到的，结果到头来他们每人只分得2.5万元，万建国却一个人独得了5万元。于是，兄弟俩一合计，以“万建国不会经营”为由，将其当初出资的10万元还给了他，并强制将万建国从该超市中除名，不再让其参与超市的经营，而是雇了自己的外甥女来超市工作。

万建国曾多次找孙氏兄弟质问，结果两个人均说超市已将其除名。无奈之下，万建国只得将孙氏兄弟告上了法庭。经法院审理，认为万建国与孙智、孙连二人所开办的小食品超市为合伙企业。并且，在双方的合伙经营中，万建国并没有违反约定，一直在全心经营小食品超市，而孙智、孙连二人却无故将其除名，不合法。尽管二人已将最初的 10 万元退给了万建国，但仍需将万建国离开超市这段时间所产生的利润分给他。其后，如超市仍须合伙经营，则应允许万建国介入超市的经营，如需散伙，则应清算后散伙。

专业点评

1. 合伙企业在经营过程中，如合伙人未出现不履行合伙协议中规定的义务和责任的情况，即使其余合伙人均同意，也不得将该合伙人故意除名。

2. 合伙人在接到合伙企业将自己除名的书面通知后，如果不服，可在接到书面通知之日起的 30 日内向法院起诉。

7.4.3 解散规则

合伙企业在经营过程中，如果出现了法律规定的以下情况之一，便可以解散：

（1）合伙期限届满，合伙人决定不再经营。

（2）全体合伙人决定解散。

（3）合伙协议约定的解散事由出现。

（4）合伙已不具备法定人数满 30 天。

（5）合伙协议约定的合伙目的已经实现，或者无法实现。

（6）依法被吊销营业执照、责令关闭或者撤销。

（7）法律、行政法规规定的其他原因。

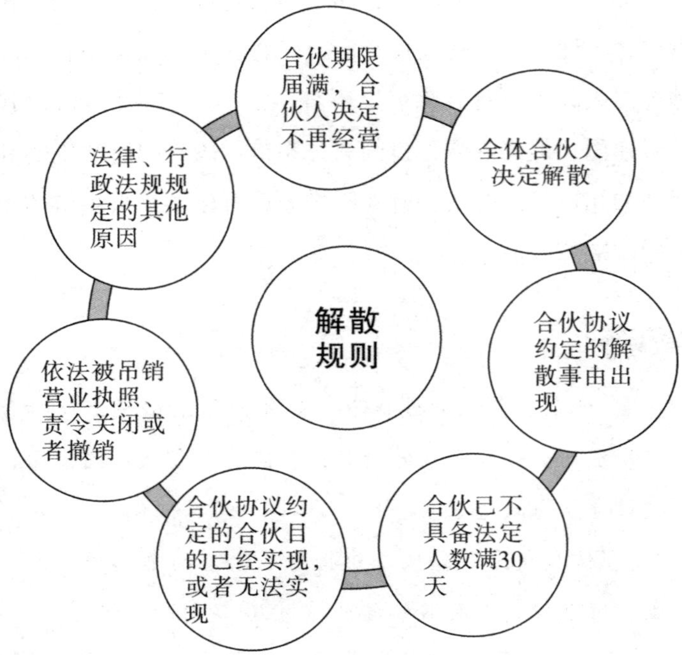

知识链接

合伙企业解散时应注意什么

当合伙企业决定解散时，最关键的是清算问题，但清算人的选择，原则上是由全体合伙人共同担任；但经过全体合伙人半数以上同意后，也可以自合伙企业解散事由出现之日起15日内指定一个或数个合伙人，或者委托无利益相关的第三人，来担任清算人。如果是自合伙企业解散事由出现之日起15日内未确定清算人的，合伙人或者其他利害关系的人，可以申请由人民法院来指定具体的清算人。

与此同时，合伙企业在解散清算时，还应当注意以下几个问题：

（1）合伙企业所欠企业员工的工资和劳动保险费用需付清。

（2）合伙企业的所有债务需还清。

（3）合伙企业所欠的税款需付清。

（4）返还合伙人合伙时的出资。

(5) 如果按照以上顺序清偿结算后，仍有剩余的资金，应当按协议中约定的比例，向所有合伙人进行利润分配。如果合伙协议中没有具体约定的，则按照平均分配的原则进行利润分配。

经典案例

2012 年年初，因王志良想租下鹏达物流下属专线“哈尔滨—汤池—大兴—江桥”段的物流运输，所以多次与鹏达物流的管理者阮于皓商议。

经过协商，鹏达物流答应将这一物流运输线路租给王志良。于是，双方签订了一份承租协议，据协议约定，在 2012 年 4 月 1 日到 2013 年 7 月 1 日期间，王志良须交付承租费 10 万元，且自 2012 年 7 月 1 日起，每月 1 日交给鹏达物流 1 万元租金，2013 年 1 ～ 2 月份不用交租金。

这一运输线的租赁，王志良是与另一个合伙人李天水共同承包的，两人每人各出资 50%，属合伙经营，共负盈亏。

然而，两人合伙经营到 2013 年 1 月时，却亏损了 20 多万元，因此，二人商量后决定不再与鹏达物流公司合作，于是在合同到期后，中止了与鹏达物流之间的合作，王志良也因此不再与合伙人李天水合伙，因为他们之间的合伙建立在与鹏达物流合作的基础上。

这起合作的中止，王志良与李天水之间的合伙经营，以及他们与鹏达物流之间关于下属专线“哈尔滨—汤池—大兴—江桥”段的物流运输，都是由于合伙到期后的自然中止，同时，也是因为王志良与李天水之间的合伙期满后未达到双方合伙的初衷——盈利。因此，三方的合作就此中止，李天水与王志良的合伙企业也随之解散。

专业点评

1. 合伙企业成立时，一般都会有合伙的目标与达成目标的期限，期限到了却没能达成合伙的目标，往往是众多合伙企业散伙的原因。

2. 在个人合伙企业中，如果出现众多合伙人退出，只剩下一个合伙人，而其在30天内又未找到新合伙人的情况时，合伙企业同样应当解散。如合伙人想继续从事合伙事项的经营，可在择定好新合伙人后另行注册。

第八章

合伙制利弊

——取其利，避其弊

世上每一种制度都有其利弊，合伙制也不例外。因此，创业者只有明白了合伙制的优点和缺点，以及合伙制企业的风险所在，才能找准合伙制的命脉，从而在合伙经营中，做到取其利、避其弊，最终借合伙制实现创业的梦想。

8.1 合伙制与企业规模的冲突

8.1.1 什么时期的企业适合合伙制

合伙制往往更适合草根创业者，因为他们没有太多的资金，只因一个想法或一种商业模式，一人或多人出于兴趣，率性或执意而为。并且，很多时候，草根创业者往往并非纯粹为了赚钱，而是源于一种兴趣向事业的转移。综上所述，合伙制更适合草根创业者。

另外，当企业发展到一定时期，往往会因企业体制扼杀员工的积极性，使得企业发展的步调放缓，此时企业发展往往缺少动力，合伙制正好可以在共担风险、共享利益的前提下，提升企业团队的凝聚力与执行力，从而推动企业更好更快地发展。

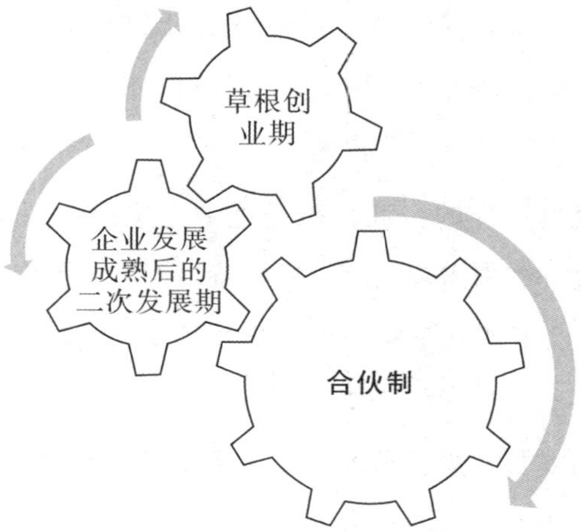

知识链接

什么是凝聚力

凝聚力是指某一群体成员之间为了实现群体活动的目标而实施团结协作的程度，所谓群体是指人的集合，包括集体、单位、朋友、家庭、国家、阶级、民族等。在外在表现上，凝聚力表现在人们的个体动机行为，对群体目标任务所具有的信赖性、依从性乃至服从性上。如果就“共同责任权益意识”来说：①如果群体成员不能在自觉自醒的情况下去体现，就需要通过行为榜样和适当的教育加以改变或形成，比如企业界提倡的企业文化；②在人们的行为榜样以及外界宣传感化的情况下，仍不能激发群体凝聚力，则应当启动利益制约程序，比如现在的合伙制；③群体成员的“共同责任权益意识”，主要是群体成员在社会道德或利益基础上，自觉履行责任的结果。

经典案例

自万科率先实行合伙制后，一大批民营房地产企业也纷纷试水。由于近年来经济大环境的变化，人才流失的问题开始凸显，企业旧有的体制与管理模式很难留住人才，因此，合伙制几乎成了这些成熟的大型地产企业未来持续生存与发展的出口。

越秀地产就是这样的企业，在经过中国房产改革的初期与发展期后，在中国房价很难再出现大幅上涨的背景下，如何在有限的空间内实现利益的最大化，几乎成了越秀地产最为关注的问题。对此，合伙制几乎成了它唯一的出路。

2015 年 2 月 5 日，越秀地产夺得了佛山禅城的一个项目，于是，公司开始实施其合伙人计划的首个项目——雇员奖励计划，即集团物业开发项目上的管理团队成员与核心员工，通过一个基金结构对相关项目公司做出股权投资。

按照规定，公司全体合资格的管理层成员所持的股权，总共不超过该项目总权益的2%，其项目合伙制类似于万科的，目的是为了使管理层成员的利益与集团的利益保持一致，并且该合伙计划可激励每个项目负责日常运作的合资格管理层成员，最大限度地提高项目回报率。另外，该公司董事、最高行政人员以及发行人层面的任何其他管理人士，将不参与该奖励计划。

佛山这一项目的地价投资为6.3亿元，这一项目是越秀地产旗下第一个涉及合伙人制的项目。但就旗下未来的项目，越秀地产依然会实施合伙计划，只不过，其中合资格管理层成员就一个项目所做投资的总额可能会各不相同，然而每一个项目中公司全体合资格管理层成员所持的股权总共不会低于其股权总额的10%。

越秀地产这种项目与员工的合伙制像万科的合伙制一样，提升了员工工作的积极性和团队的凝聚力，使得企业获得了较高的收益，并实现了企业发展成熟后的再次发展。

专业点评

1. 在企业初创期的个人合伙中，合伙人考虑更多的是如何发展企业，因此，此时期的合伙应当以高度配合工作为主，因为合力经营下的企业才能长足发展。

2. 当企业发展成熟后，如果要实现二次腾飞，就必须有打破原有经营与管理框架的勇气，要敢于让利于“民”，才能实现企业业绩的较大提升。

8.1.2 企业规模对合伙制的限制

当合伙企业发展到一定阶段后，往往会因过于松散的制度，而制约合伙企业的发展，特别是会制约合伙企业的规模化发展。比如出资合伙人数的限制，合伙企业规定，合伙人在 50 人以下；合伙人的违约情况也会影响到合伙企业的发展。对此，很多合伙企业会从体制上将其改变为股份公司，以脱离原始的野蛮生长。但是，专业特色明显的普通合伙企业，往往受这方面的影响较小，如律师事务所、评估事务所等，此时可改普通合伙为有限合伙，甚至特殊有限合伙。而股权投资类的合伙企业，此时通常不会受制于此，因为其企业的最大问题是如何管理资金，所以业务较为单一，企业规模往往也较小。

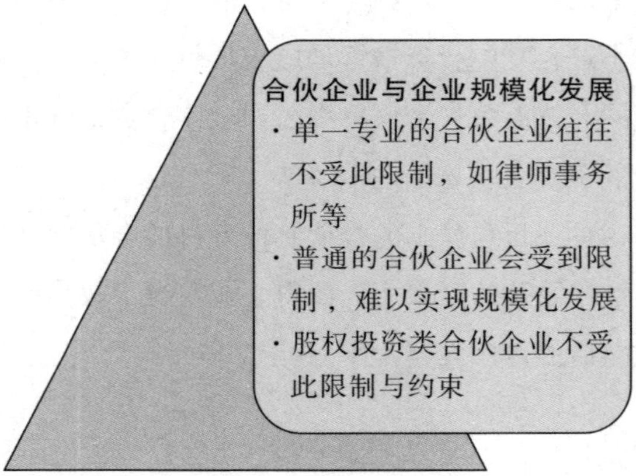

知识链接

合伙制企业的缺点与公司制企业的优点是什么

合伙制企业的缺点：

（1）稳定性差。

（2）合伙人承担无限连带责任。

（3）容易造成企业决策上的时机延误。

（4）合伙企业为自然人企业，不具法人资格。

公司制企业的优点：

（1）筹资方便。

（2）承担有限责任。

（3）企业的管理水平高。

（4）所有权转移方便。

（5）有利于企业稳定发展。

经典案例

天泰国电子科贸商行是由洪峰的公司与李某和张某两个自然人成立的有限合伙企业，当时，由于李某与张某的资金不足，且合伙企业从税收上可以得到优惠，所以他们与洪峰的公司组成了这家合伙企业。

在天泰国电子科贸商行这家合伙企业里，自然人李某与张某为普通合伙人，承担无限连带责任，他们每人各出资 50 万元；而洪峰的公司作为有限合伙人入伙，出资 300 万元。在合伙协议中，三方约定了利润分红的比例为洪峰的公司占 40%，不负责合伙企业的具体经营；李某与张某各占 30%，主要负责合伙企业的经营。作为普通合伙人的李某与张某，每年最少要交付有限合伙人洪峰的公司 100 万元的利润。

这实际上意味着，洪峰的公司是以投资的目的出现在天泰国电子科贸商行的合伙人之列，李某与张某只是变相贷了 300 万元的高回报款。

由于李某与张某之前长期从事电子科贸的工作，二人有十足的胜算可以经营好这一合伙企业。果不其然，在天泰国电子科贸商行成立的当年，李某与张某即赚到了 300 万元的利润，合伙三方按照之前合伙协议的约定进行了分红。

此后，李某与张某信心大增，要求与洪峰的公司再另行增资入伙，以扩大经营，赚取到更多的利润，不料却遭到了洪峰的公司的拒绝。无奈之下，二人只好按部就班地继续经营天泰国电子科贸商行。

然而 2014 年 8 月，在李某与张某不知情的情况下，洪峰的公司以天泰国电子科贸商行的名义与第三方企业长信信息产品经销公司签订了一份供货合同，并出现了违约的情况，导致长信信息产品经销公司向天泰国电子科贸商行提出了索赔，这使得天泰国电子科贸商行出现了亏损。

尽管这起责任是由洪峰的公司擅自单方违约所造成的，责任由洪峰的公司来承担，但是天泰国电子科贸商行，却由于三位合伙人的互不信任，导致不得不解散。对李某与张某两位自然合伙人来说，他们不仅没有实现最终的合伙经营，扩大天泰国电子科贸商行的规模，以及赚取更多利润，反而还因合伙人出现的违约，不得不解散这一合伙企业。

专业点评

1. 合伙企业中，往往由于合伙人之间的矛盾或不信任，甚至是违约行为，使得合伙企业的稳定性受到威胁，从而限制了合伙企业的规模化发展。

2. 合伙企业若想不断扩大企业规模，就必须在寻找合伙人时，找到真正能够把企业的发展作为自身事业发展的合伙人，而不能只从减税等短期利益出发寻找合伙人。

8.1.3 合伙制与企业 IPO 的冲突

在国外，由于证券市场对公司的体制与形式较为开放，所以，很多以合伙制出现的企业均可以在证券交易所上市，但在中国，欲上市的企业必须是股份制公司。对于合伙企业而言，即使其已经具有相当的规模，也不能在中国的 A 股市场上市 IPO，这就使得企业无法通过 IPO 募集资金。因此，很多合伙企业往往最初是以合伙的形式出现，当合伙企业发展壮大后，要想上市，合伙人便解散合伙企业，注册成立一家相关的股份制公司去上市。

合伙企业虽然无法上市，但是国家允许合伙企业以公司股东的身份参与公司的上市。也就是说，合伙企业可通过股权控制上市公司，间接性地实现融资，但是这类合伙企业，目前只有股权投资类的合伙企业。

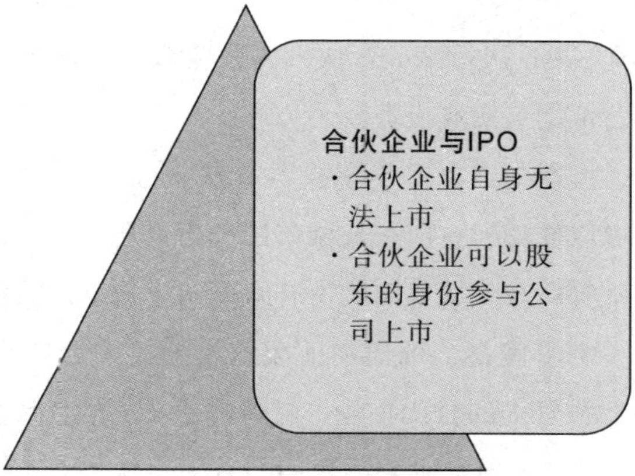

知识链接

什么是 IPO

IPO 是英文 Initial Public Offerings 的简称，意思是首次公开募股，是指一家企业或公司（股份有限公司）第一次将其股份向公众公开招股发行，也就是常说的企业上市募集资金。企业在 IPO 后，同样可以采取增发、高送转、融资融券等方式进行融资。但在我国，企业首次公开募股之前，应当变更为股份有限公司。

经典案例

广东长城集团股份有限公司成立于 1996 年，主要从事各种中高档创意工艺陶瓷、日用陶瓷的研发、制造与销售，2010 年 6 月 25 日，公司在深圳证券交易所创业板成功挂牌上市，成为国内首家在创业板上市的创意艺术陶瓷企业。

在证监会同意公司上市时，从广东长城集团股份有限公司的公开招股书中可以看到，有一家有限合伙企业——杭州中证大道丰湖投资合伙企业（有限合伙），它是持有公司 5% 以上股份的主要股东。这家企业成立于 2009 年 6 月 15 日，主要经营场所为杭州市西湖区求是路 8 号公元大厦北楼 1103 -4；执行事务合伙人为张晓辉；合伙企业类型为有限合伙企业；经营范围是实业投资。

由此可见，杭州中证大道丰湖投资合伙企业（有限合伙）虽不能直接上市，却可以成为拥有广东长城集团股份有限公司 5% 以上股份的股东，并可以坐等广东长城集团股份有限公司成功上市后获得收益。

然而，另一个事实是，杭州中证大道丰湖投资合伙企业（有限合伙）是一家股权投资类的合伙企业，与通常意义上的合伙企业有一定区别。因为股权投资类合伙企业在审批时与其他合伙企业不同，它要受到中国证监会的允许及符合相应的条件。

以股东的身份出现在上市公司中，对于股权投资类合伙企业来说不算什么，可是这对于其他普通的合伙企业来说却难以实现，因为它们无法直接或间接地参与资本市场。

专业点评

1. 合伙制企业无法直接首次公开募股，但是，股权投资类合伙企业可以持有其他拟上市公司的股权，坐享投资标的公司上市后的收益。

2. 合伙企业要想上市，合伙人必须解散合伙企业，注册成立一家相关的股份制公司，同时其他条件均符合上市要求后才能上市。

8.2 合伙制的风险

8.2.1 股权分散

企业并非在实行合伙制后，就一定能够留住人才，并让人才发挥出最大的潜能。因为在国内，讲求同股同权，尤其是对一些上市公司，在改为合伙制后，往往会出现股权分散的情况，因为合伙制的出现，必定会令企业出让一些公司股权以换取融资，从而导致公司的实际控制权发生变化，更有甚者会令公司因过度引资，造成股权过于分散后控制权旁落他人。

尤其是对于一些上市公司，当创始人与大股东之间缺少了契约精神后，其持股比例都会降低，而无法单独控制公司，这会导致公司无实际控制人，从而影响到企业的正常经营。

知识链接

什么样的企业更适合采用合伙制

（1）知识型企业

这类企业需要不断创新，员工的责任心、创造性、投入度、协作性和学习力等要素，是企业成败的关键因素。合伙制是协调资本与知识关系的一种有效手段，企业通过合伙制或与核心员工的有限合伙，使得资本与知识在共同参与企业剩余价值分割的同时，产生一种合力效应，能促进企业稳健良性发展。

(2) 控制权稳定的企业

合伙制的有效性，源于原有股东与合伙人利益的一致性。因此，若原有股权结构过于分散，就难以达成一致行动，从而造成企业行动力的缺陷。可见，只有当企业高层对企业拥有牢固的控制权时，企业再实行合伙制，才会起到应有的效果。

(3) 处于初创期或战略转型期的企业

初创期或处于战略转型期的企业，往往会面对风险承担、自主创新和主动协同等管理问题，所以，企业需要建立与之相适宜的激励体系，以匹配企业的发展或转型时的变化。合伙制的运用，更能获得员工的坚定承诺与股东的强力支持。

(4) 轻资产型企业

那些轻资产的企业，大多是以价值为驱动的资本战略，通过建立良好的管理系统平台，集中于设计开发和市场推广，促进企业的生存和发展。比如互联网企业小米、阿里巴巴等，因这些企业的有形资产较少，所以推行合伙制更易成功。

经典案例

厦门乾照光电股份有限公司是一家专业从事红、黄、橙四元系 LED 外延片、芯片和高性能砷化镓太阳电池研发、生产与销售的高新技术企业。同时，它也是一家深交所创业板上市公司，股票简称为“乾照光电”。

2013 年 11 月，乾照光电成了一家没有实际控制人的上市公司，原因是公司在实施合伙制之后，出现了股权过于分散的情况。在这种情况下，公司原三大创始合伙人、现上市公司三大股东邓电明、王维勇和王向武之间出现了分歧，决定不再共同续签《一致行动协议》。而关键在于乾照光电的内部，其虽然是公司制，但实行的是合伙制的框架，即公司是由邓电明、王维勇和王向武三位合伙人成立的。这样，公司股权即使不算上公开发行的10%左右的股权，三个人的平均持股也不过30%。

若再加上其他中小股东的持股，最后算下来，这三个大股东的人均持股均不足30%，而在此之前，因三个人有一份《一致行动协议》的存在，才形成了对公司的控制。可是，当三人决定不再续签这一条约后，便导致公司里的任何一位股东均无法单独通过实际持有公司的股份来表决公司董事会半数以上的成员选任，以及诸多公司的重大事项，这就使得出现乾照光电没有实际控制人的现象。

这一现象的出现致使乾照光电就像一架无人驾驶的飞机，面临着极大的风险。

因此，对于那些合伙制企业，或是有合伙制架构的公司来说，第一大股东的持股比例至少应保持在50%以上，这样才能够避免出现企业实际控制权发生变化的现象，以维持公司治理结构的基本稳定。

专业点评

1. 合伙制企业或是有合伙制架构的企业，在具体实施合伙计划时，一定要基于长远发展的角度去实施合伙制，不能因合伙制的实施导致企业股权分散，从而让企业高层无法控制企业。

2. 创业者以“知识+资本”创业时，更要提防在过度引入资本合伙人时，因股权稀释造成的企业控制权分散与流失。

8.2.2 信任风险

由于合伙企业是典型的人合企业，企业的存在与经营发展建立在合伙人之间的相互信任基础上，因此，当合伙人之间的信任出现危机，甚至不再信任对方时，合伙企业就会面临极大风险，因为在合伙企业里，普通合伙人是要承担无限连带责任的。正因为如此，信任在合伙企业里至关重要，是合伙企业能够存在的根基。

可见，合伙人如果想达到共同经营好合伙企业的目的，就要通过合伙协议从不同的设立条件来相互约束，以保障合伙企业的经营和增强合伙人的风险意识。

知识链接

如何增强合伙人之间的信任

信任是一种关系，有着极大的价值，也可以说它是一种资产。

人际间的信任是由个人价值观、心情及情绪、态度、个人魅力等交互作用的结果，其是心理活动的产物。在合伙企业中，合伙人之间的信任又极为重要，因此，可以通过一系列的举措，来增强合伙人之间的信任：

(1) 推行民主化管理

合伙企业是合伙人价值体现的载体，由于需要共同经营，所以，合伙企业的有效管理和长远发展完全依赖于合伙人，对此，合伙人要在合伙企业内推行民主，以赢得彼此的相互信任。

(2) 核心层的自我超越

合伙企业是一项事业，合伙人共同努力将这一事业做大、做强是一种“境界”，因此，合伙人应当把握好自身的管理角色，实现自我定位、自我约束、自我实现，甚至是自我超越，才能使合伙企业内的资源各得其所、各尽所长，让合伙人在各自的岗位上实现自我价值，获得应有的经济与社会的自我满足。

(3) 重能力而轻级别

作为合伙企业，合伙人的自我价值实现，在于创造而不是在于权力；在于工作而不是在于等级。合伙人的知识和能力构成合伙企业的价值基础，所以，合伙人的报酬应根据对企业的贡献大小而非职位的高低。

经典案例

大学毕业后，孙芳在一家国企担任会计，由于她工作认真负责，很快被提拔为企业的财务经理。按说，孙芳的工作应当是如意的，但随着电子商务的快速兴起，她骨子里那颗不安分的心开始跳动起来，而她又是个说干就干的人，于是辞了职，与一位朋友的妻子林红合伙成立了一家团购网站。

林红是孙芳朋友的妻子，二人彼此很信任，但因涉及企业运营后的融资等问题，二人还是签订了一份合伙协议，并约定企业由孙芳任团购网站的事务执行人，林红作为其帮手，同样负责网站的日常运营。

由于创办初期团购网站的工作较多，比如委托制作网站、财务记账、服务器的购买、商品介绍的图片设计、寻找合作商家等，而林红是销售出身，为人乐观，做事也是如此，所以很多事往往是想得好，做得却十分马虎。

孙芳是会计出身，凡事经常亲力亲为，认真负责。于是，时间一长，孙芳开始有些不信任林红了，她做事经常是雷声大雨点小，非常马虎，人虽极能说，但往往都是一些没用的废话。林红并不缺心眼，自然也感觉到了孙芳对自己的不满。

一天，孙芳与林红之间的矛盾终于爆发了。事情源自林红，她觉得两人再如此合作下去，网站的发展肯定不会好，所谓长痛不如短痛，于是她找到孙芳，要求退还自己当初投资的钱，她想退伙。尽管此时，林红的退出会让孙芳面临许多困境，但她毕竟和林红的老公是朋友，所以孙芳答应了，并决定请林红吃顿散伙饭。

然而，在吃饭时，即将散伙的两人却敞开心扉谈了很多，孙芳顿时觉得，原来林红不是没有能力，只是过于直爽，再加上孙芳总看不上她，所以做事越来越没信心。可见，她们两人并非不能合伙，而是缺少必要的沟通，结果导致彼此信任的流失。

经过一番细致的交流后，林红决定不退出了，两人再次重拾了对彼此的信任，继续经营起了她们的团购网站。

专业点评

1. 合伙企业能够持续经营的根基就是合伙人之间的信任，因此，在合伙企业经营过程中，合伙人之间应当养成经常沟通交流的习惯，不断增强彼此的信任。

2. 要想合伙人之间相互信任，就必须在做好沟通的同时，定期公布企业的财务，因为只有经济利益清楚了，其他的矛盾才能逐渐淡化，毕竟大部分合伙人选择合伙创业的目的都是为了赚钱。

8.3 合伙制的优势

8.3.1 合伙制：避免雇佣制下的“交通意外”

合伙制的出现，由于是将共同发展事业的人拉入伙，形成一个利益、风险加产品或项目的共同体，所谓“一荣俱荣、一损俱损”，这样一来，自然能够提升创业团队的凝聚力与战斗力，从而让企业形成合伙经营中的一股合力，让企业迸发出超常的集体智慧，使企业能够以最佳的方式去获得成功。也正因为如此，合伙制可以避免雇佣制下的单一管理模式，避免在雇佣制下，因员工的机械工作，导致工作环节上出现“交通意外”的状况。

知识链接

什么是雇佣制

雇佣制是指无产者把劳动力作为商品出卖给资本家，并提供剩余价值的劳动，也称为工资劳动。劳动力成为商品与雇佣劳动的出现都具有两面性，两者是相关联的。我国是社会主义国家，在用人制度上，曾以国有制为绝对的主导，但这一用人制度并不适应经济的发展，在民营企业大力涌现之时，许多民营企业的用人制度都是以雇佣制的形式存在的。改革开放后，合伙制的出现对雇佣制是一种挑战，不仅很多民营企业都在深入改革用人制度，许多国有企业也在尝试着进行改革。

经典案例

当合伙制在地产界刮起一阵台风时，2012 年年末，广东的知名地产企业碧桂园也不甘落后，以“成就共享计划”的激励制度开始了合伙制的改革。这一激励制度秉承“利益共享，风险共担”的原则，对公司获得成功的项目和区域实行强激励措施。

然而，要想获得“成就共享计划”的奖励，首先必须具备两个大前提：（1）现金流。这就要求公司的项目在 1 年内出现自有资金投入的全额回笼，且回笼资金要大于自有资金投入与年化自有资金收益之和。（2）项目净利润要大于自有资金按年折算后的金额，且在公司这一项目开发周期内，不能出现重大质量与成本的失误等问题。

这一“成就共享计划”规定，公司区域项目如果不能实现成就共享，那么，与之相对应的区域总负责人与项目总负责人将会受到处罚。

关于碧桂园的成就共享股权金额为：（净利润 - 自有资金按年折算后的金额 ×30%） ×20%，也就是碧桂园将项目净利润的 20% 拿出来作为奖励。当达到奖励条件后，成就共享股权金额会每半年以现金奖励的方式进行具体分配，项目总负责人和区域总负责人的部分奖励，则以支付购买股权比例的方式进行分配。

如果项目在考核期内出现亏损，亏损额的 20% 由区域总负责人与项目总负责人承担，如果 1 年内现金流不能回正，则项目将失去继续参加“成就共享计划”的资格。

碧桂园推行“成就共享计划”，一方面是为了改变原有的企业与员工的纯雇佣关系，提高管理效率，提升产品质量，并提高项目利润率，以实现资金有效、健康的管理；另一方面是为了实现碧桂园的可持续健康发展，为了让员工与集团共享利益、共担风险，从而避免原有雇佣制度下的失误。

“成就共享计划”推出后，公司的管理效率得到了明显提升，多个项目的相关负责人与员工均获得了奖金，如2013年碧桂园兰州新城这一项目，开盘当天即销售了50亿元，出现了清盘的盛况。按照这项计划的计算方法，这一项目的管理团队获得了相当可观的奖励。

在这一新合伙制度下，碧桂园在2013年的销售额，直接从476亿元冲破了千亿元大关。可以说，“成就共享计划”不仅成了碧桂园一种全新的合伙制度，同时，它还会在不断地完善，继续成为碧桂园长远发展的一项重要战略。

专业点评

1. 要想让企业雇员不出现工作中的失误，就要让他们在共享利益的同时，也共担风险。

2. 合伙制已成为很多企业提升业绩的重要手段，但企业的合伙与个人的合伙却是有区别的，企业的合伙通常是一种有限的合伙，因为企业首先往往会从降低风险的角度，来考虑适合自己的合伙制，以利于推行这种制度。

8.3.2 股权激励“新玩法”：事业合伙人制

合伙制的出现，虽然国家只是制订了一个框架，并以《中华人民共和国合伙企业法》来规范和指导，实际上，却出现了不少新形式的合作模式。目前，在“合伙”框架下，已衍生出不少新的合伙形式，它们都充分体现了合伙制的特色和优势。

比如“事业合伙人制”这种股权激励方式。在资本市场上，股权激励是以奖励的方式授以企业员工公司的股权，其大多发生在上市公司或新三板挂牌企业，股权激励对象可通过二级市场来兑现其持股。而在事业合伙人制这种股权激励方式下，也可以通过融资杠杆，增强市值管理，进而激发事业合伙人的斗志。

这种事业合伙人制，主要是企业针对管理层的一种事业合伙，因为只有管理层合伙了，才会管理好团队，形成较高的凝聚力，从而以事业发展为根本去推动企业发展。

知识链接

股权激励的个人定量是什么

根据规定，上市公司在实施股权激励时，对激励对象有如下量上的规定：

（1）上市公司中任何一名激励对象，通过股权激励计划得到的本公司股权，累计不得超过公司总股本的1%，经股东大会特别决议批准的情况除外。

（2）在公司实施股权激励计划的有效期内，公司高管人员的个人股权激励预期收益水平，应当控制在其薪酬总水平（含预期的期权或股权收益）的30%以内。高管人员的薪酬总水平应当参照国有资产监督管理机构或部门的原则规定，依据上市公司绩效考核与薪酬管理办法来确定。

经典案例

万科在实施项目合伙的同时，对自身的管理团队，也实行了事业合伙人制。

2014年4月23日，万科召开了其事业合伙人创始大会，在大力推行合伙制的过程中，万科先成立了一家有限合伙企业——盈安有限合伙企业（以下简称“盈安”），成员包括8名董事、监事和高级管理人员在内的1320名员工，他们都是万科重要的经营管理团队成员，同时也成了盈安的首批事业合伙人。这批合伙人即成为公司的有限合伙人，普通合伙人则由万科承担。

成立盈安的同时，这1320名万科的事业合伙人还与盈安签署了一份《授权委托与承诺书》，承诺将其在万科的利润奖金、集体奖金账户中的全部权益，委托给盈安的普通合伙人进行投资管理。也就是说，这些公司管理人员以万科发给自己的资金为出资来合伙。实际上，这种资金制度万科早在2010年就已建立，对象包括高管人员、中层管理人员、由总裁提名的业务骨干和突出贡献人员。只是这批奖金分为两种：一种为个人的奖金，由个人当期领取；另一种为集体奖金，由万科统一管理，并附加支取的约束条款。

盈安成立后，这批集体奖金将委托给其负责，引入融资杠杆进行投资——委托给第三方机构管理，坐等收益；或由盈安通过券商的集合资产管理计划，在二级市场买入万科的A股股票，进而获取收益。

盈安将部分集体奖金及衍生财产实施统一封闭式管理，不兑付到具体个人。而值得注意的是，自盈安成立后，其购买万科A股的速度很快，通过数次的增持，其持股比例已高达万科A股总股本的1.34%，跃升为万科的第二大股东。而按照盈安的计划，其仍将继续增持万科的股票，直至10%为止。

以股权投资合伙的方式成立一家有限合伙企业，将公司给管理团队的集体奖金作为投资，通过二级市场来增持自家的股票，万科的这种“事业合伙人”模式，将公司管理团队与高层紧紧捆绑在了一起。它不仅能够加强公司高层对公司的控制权，同时，还在一定程度上降低了股权激励的成本，成了股权激励的一种“新玩法”。

专业点评

1. 事业合伙人制是从公司的整体发展与利益出发实行的一种新型股权激励方式，通常只针对公司管理层人员或重要的核心技术人员，因为只有将这些人的利益与公司利益捆绑后，才能让他们在基于事业心的推动下努力工作。

2. 在事业合伙人制之下，其普通合伙人通常为企业自身，管理团队为有限合伙人。这种有限合伙企业的形式，往往能够以投资企业股票的形式，有效增强企业高层对企业的控制权。

8.4 合伙制的发展态势

8.4.1 合伙企业的政策优惠

国家虽对合伙企业实行了很多优惠政策，但相对来说，却只有两点最值得关注：一是在注册制度上的优惠；二是在税收上的优惠。

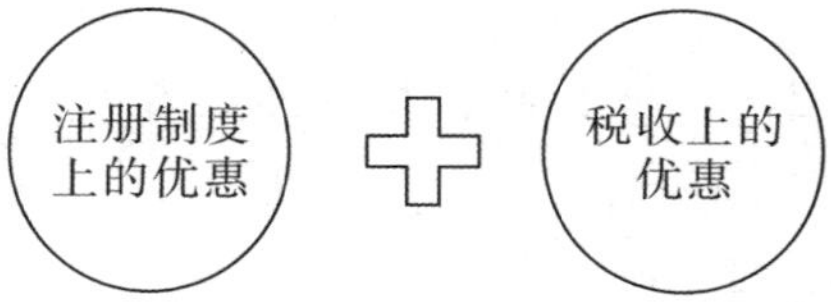

国家政策对合伙企业的优惠

首先在注册制度上，国家对合伙制企业在注册上给予了极大的优惠，只要合伙人在自愿的条件下成立企业，即可在签订合伙协议后到当地工商行政管理部门注册成立合伙企业。

其次是在税收上，国家对合伙企业也给予了较大的优惠，相关法律规定，国家对合伙企业不征收企业所得税，而是只对投资者的生产经营所得，比照个体工商户的生产、经营所得征收个人所得税。

其中，国家对股权投资类合伙企业，全国各地另有不同的优惠政策，因地方不同，优惠的程度也不同。比如，在个人所得税的收取上，国家规定，超过 55000 ～ 80000 元的部分按 35% 收取；超过 80000 元的部分按 45% 收取。但以北京与上海两座城市为例，只要是股权投资类合伙企业，其中的合伙制股权基金中个人合伙人、合伙制自然人有限合伙人，却按20%的标准收取个人所得税，优惠的幅度相当大。

同时，股权投资基金募集的金额不同，当地政策所给予的现金奖励也不同。比如重庆市规定，对于出资1000万元以上的出资者，其股权投资的税收留存部分，按市财政的40%给予奖励；如果所投项目位于重庆市内的，将按市财政的60%给予奖励。

因此，可以看出在政策上国家是鼓励各地成立合伙企业的，尤其是股权投资类合伙企业。

知识链接

合伙制有哪些优点

（1）发挥资金优势

合伙制在出资上，可由合伙人共同出资，从而能更好地满足资金需求。

（2）体现集体智慧

合伙企业要合伙人合力经营，因此需要合伙人运用集体智慧，与企业共渡难关。

（3）相互监督管理

合伙人可以相互监督彼此对合伙企业的经营管理，如此一来，可以促进合伙企业的经营效率。

（4）信息来源广泛

因合伙企业由至少两个以上合伙人共同创建，而每个合伙人所掌握的信息又不同，所以这样可以拓宽经营中的相关信息。

（5）减少经营决策失误

由于在合伙企业中经营决策要由合伙人共同讨论决定，因此可以尽量减少经营决策上的失误。

经典案例

南京越博进驰股权投资基金合伙企业是在2014年9月12日于南京成立的一家有限合伙企业，其经营范围包括从事非证券股权投资活动及相关咨询业务等。

从南京越博进驰股权投资基金合伙企业的经营范围来看，这是一家专门以发行基金投资企业股权的投资类公司。而根据《南京市人民政府关于进一步加快全市金融业改革创新发展的若干意见》（宁政发〔2011〕73号）规定：

1. 以合伙制形式设立的股权投资基金，根据合伙企业募集资金的规模，在合伙企业存续期内，分期予以合伙企业委托管理方补贴：募集资金10亿元～20亿元的，最高给予500万元补贴；募集资金20亿元～40亿元的，最高给予800万元补贴；募集资金40亿元～60亿元的，最高给予1000万元补贴；募集资金60亿元～100亿元的，最高给予1200万元补贴；募集资金达到100亿元以上的，最高给予1500万元补贴。

2. 对合伙制股权投资基金执行有限合伙企业事务的自然人普通合伙人，按照“个体工商户的生产经营所得”项目，适用5%～35%的五级超额累进税率计征个人所得税。不执行有限合伙企业合伙事务的自然人有限合伙人，其从有限合伙企业取得的股权投资收益，根据“利息、股息、红利所得”项目，按20%的比例税率计征个人所得税。

3. 新注册成立的股权投资基金和股权投资基金管理机构自获利年度起，缴纳企业所得税形成的地方留成财力部分，前两年按80%给予补助，后三年按40%给予补助。

4. 新注册成立的股权投资基金和股权投资基金管理机构缴纳营业税形成地方留成财力部分，前两年按100%给予补助，后三年按50%给予补助。

5. 对新注册成立的股权投资基金管理机构担任董事长、副董事长、总经理、副总经理等高级管理人员，缴纳的个人所得税形成的地方留成财力部分按40%给予补贴。

从以上南京当地政府对以合伙制形式设立的股权投资基金的优惠政策来看，南京越博进驰股权投资基金合伙企业可以说是恰逢其时，企业一旦发行基金，则会享受到不同资金额度的补贴，并且合伙企业不用缴纳企业所得税，普通合伙人只需按“个体工商户的生产经营所得”，缴纳5%～35%的个人所得税即可。其有限合伙人，也只交20%的个税。新成立企业的高管，将对其缴纳的个人所得税形成的地方留成财力部分，按40%给予补贴。

此外，规定中的第3条、第4条，南京越博进驰股权投资基金合伙企业也可以根据自身情况享受。而这些优惠政策，均为南京当地政府制定的政策，是地方政府对以合伙制形式设立的股权投资基金的特殊优惠政策。这说明，地方政府不仅鼓励合伙企业的注册成立，还大力支持成立以合伙制形式设立的股权投资基金合伙企业。

事实上，这一切的优惠政策，都是地方政府繁荣当地经济的举措，同时，也反映了地方政府对国家政策上支持合伙制企业成立的积极响应。

专业点评

1. 国家政策对合伙制企业的大力支持，成了合伙制企业发展的重要推动力，而地方政府在国家政策支持的基础上，对股权投资类合伙企业的再支持，是对国家相关政策的高度响应，同时，也是鼓励合伙企业成立的一种表现。

2. 创业者在成立合伙制企业时，一定要根据自身行业的情况，向当地政府相关部门进行咨询，以便能够享受到应有的政策优惠。

8.4.2 合伙制在中国的现状与前景

不可否认，三是合伙制使美国出现了高盛、摩根士丹利等著名投行，而这种制度在进入中国后，尽管在合伙制下企业无法实现IPO，但从创业或企业再发展的角度看，合伙制已经通过实践，并得到了众多中国企业的认可，尤其是一些投资机构。

然而，要想在各个行业中广为推广合伙制，还会面临诸多困难。虽然现行法律并不认可合伙制形式存在的企业IPO，但国家政策上在向合伙企业不断倾斜，比如税收等，会使得法律逐渐放开对合伙制企业的束缚。而在现实中，不仅有许多像万科、京东等企业，在合伙制下实现了二次腾飞，甚至很多国有企业也在尝试以合伙制的方式改变最初的运营体制。

可以说，合伙制虽在中国还面临着诸多推行的障碍，但它像一颗闪闪发亮的明星，正在冉冉升起。就如同中国的改革一样，在不断地摸索中一步步地发展。

知识链接

国企在合伙制改革中应当注意什么

（1）股权结构的稳定性

通常应当以不改变已有控制权结构为前提，来保持股权结构的稳定性。

（2）合伙人范围

应当在尊重员工意愿的基础上，设定限制条件，合伙对象以骨干员工为主。

（3）入股价格

可以在基于资产审计评估的基础上，通过市场公开进行招标合伙人。

(4) 权益清晰

签订合伙协议时，应当明确合伙人的权利与义务，以及合伙人的退出机制。

经典案例

自中共十八届三中全会召开以来，混合所有制改革与员工持股持续成为热点。但从实践的角度来看，国企上市公司绿地集团的体制改革，无疑是众多国企改革的榜样。

在借壳金丰投资上市过程中，绿地集团进行了较为理想的架构重组。例如在股权结构上，先由绿地集团的43位自然人股东（均为绿地集团管理层成员）投资成立上海格林兰投资管理有限公司，注册资本为10万元，而后由上海格林兰投资管理有限公司作为普通合伙人，发起成立上海格林兰壹投资管理中心（有限合伙）。

上海格林兰壹投资管理中心（有限合伙）的有限合伙人为32个小伙伴，即原绿地集团下属的各个小企业。其中，每个企业均由不超过49名自然人作为有限合伙人。

上海格林兰投资管理有限公司作为上海格林兰壹投资管理中心（有限合伙）里唯一的普通合伙人，只在每个企业里象征性地出资1000元，剩下的由32家企业共出资3.2万元，而这32家企业里的有限合伙人，则是1997年成立的上海绿地职工持股会的全体会员，其出资为持股会会员的股权。

如此一来，绿地集团在其中，既扮演了普通合伙人的角色，又充当了有限合伙人的身份，形成了一个普通合伙人和有限合伙人层层叠加的合伙持股平台。而上海格林兰壹投资管理中心（有限合伙）成立后，对上海绿地职工持股会实施吸收合并的政策，同时签署了《吸收合并协议》，并通过上海证券交易所交易系统增持了2237289股的绿地集团股份，一共拥有了绿地集团 28.81% 的股份，成了绿地集团的第一大股东。这既取代了职工持股会的参与权，又实现了金丰投资的资产重组。

这样一来，绿地集团不仅通过层层叠加的合伙形式，实现了合伙制改造，还在牢牢掌握绿地集团控制权的基础上，使绿地集团的员工以公司合伙人的身份出现，实现了公司与员工风险和利益的共担，形成资本所有者与劳动者的利益共同体。

在绿地集团重组的过程中，有限合伙的安排与运用是其最大的亮点。由此可见，以合伙制取代原有的国企混合所有制，无疑成为国有企业改革的一个新途径。

专业点评

1. 对企业实行合伙制改造虽已成为中国企业改制的趋势，但在不少行业（如金融行业）中仍然存在着很多困难，对此，只要在不断探索中去努力尝试，这些行业终究能找到一种适合自己的合伙制度。

2. 在对企业实施合伙制改造时，尤其是国企，在改制中一定要明白一个道理：改制是为了企业更好地发展，切不可因实行合伙制而丢失了对企业的原有控制权。